LE

NEVEU DE RAMEAU

Paris. — Imp. VALLÉE et Cᵉ, 15, rue Breda.

DENIS DIDEROT

LE NEVEU

DE

RAMEAU

Nouvelle édition revue et corrigée sur les différents textes
avec une introduction

PAR

CHARLES ASSELINEAU

P. M.

PARIS

POULET-MALASSIS, LIBRAIRE-ÉDITEUR

97, RUE DE RICHELIEU, 97

1862

A JULES JANIN

—

Permettez-nous, cher maître, d'inscrire votre nom en tête de cette réimpression d'un chef-d'œuvre que vous avez dignement commenté.

Vous avez déchiré les dernières bandelettes du mythe embaumé par Diderot ; vous en avez rendu la structure et les caractères visibles et lisibles pour tous, initiés ou profanes. Il ne manquait à Rameau, pour passer de l'état de sujet scientifique à l'état de héros populaire, que l'effort et le dévouement d'un grand artiste ; il ne lui manque plus rien aujourd'hui. Grâce à vous, le dix-huitième siècle finissant nous a livré à cette heure les deux termes opposés de sa décadence et de sa décrépitude : René désespéré, s'enfuyant et demandant à mourir ; Jean Rameau demeurant et tâchant de vivre ; son don Juan et son Sganarelle.

CHARLES ASSELINEAU.

Juillet 1862.

INTRODUCTION

~~~

Si, quelques années avant la Révolution, on eût réuni quelque part les grands esprits, les beaux esprits de l'époque, et qu'on leur eût dit : « Savez-vous quel sera le type le plus significatif et le mieux caractérisé que votre siècle léguera au siècle suivant ? celui qui sera un jour accepté comme la personnification définitive de votre temps et le dernier mot de votre civilisation ? — Ne cherchez pas dans vos ouvrages : ce ne sera aucun de ceux que votre génie ou votre esprit ont animé du souffle de vie et d'immortalité. Ce ne sera ni *Candide*, M. de Voltaire ; ni *Saint-Preux*, M. Rousseau ; ni *Jacques le Fataliste*, M. Diderot ; ni *Faublas*, M. Louvet de Couvray ; ni *Valmont*, M. de Laclos. — Ce sera quelqu'un qui aura vécu parmi vous, à côté de vous, au-dessous de vous, et que nul de vous n'aura jamais salué : un pauvre hère, un misérable écornifleur, un fainéant, un glouton, un ivrogne, un vagabond, à qui vous aurez donné plus de nazardes que de bonjours et qui dans sa vie aura reçu plus de coups de pieds que de poignées de mains ; un chenapan qui n'aura dû qu'à l'excès de son abjection le seul ami assez courageux pour s'attabler avec lui, pour boire avec lui, pour l'écouter parler et lui répondre. Et celui-ci est un philosophe, le plus audacieux d'entre vous tous, à qui, de son aveu, le cœur aura plus d'une fois manqué dans ces entretiens où la curiosité du psychologue et de l'analyste avait à lutter contre l'horreur et le dégoût. En un mot, c'est Rameau, non pas Rameau le musicien du cabinet du roi, l'auteur de *Dardanus* et de la *Basse fondamentale ;* mais Jean Rameau, son neveu, Rameau le croque-notes, le parasite, le va-nu-pieds, le proxénète, le goinfre ; cet être qui n'a ni nom, ni état, ni honneur, et que vous vous attendez bien à voir un de ces jours crever comme un chien au coin de la rue et emporter au charnier dans un tombereau comme une immondice. C'est cet

homme-là que le siècle de la philosophie lèguera pour
dernier testament à un siècle de littérature. Sa bio-
graphie, ou plutôt sa monographie, écrite avec génie
par le vigoureux analyste dont je parlais tout à
l'heure, au lendemain de l'une de leurs entrevues, se
retrouvera plus tard dans ses notes ; et l'on jugera
qu'il n'a jamais rien écrit ni de plus beau, ni de plus
grand, ni de plus profond. Ce calque d'une conversation, tout chaud et tout palpitant de l'improvisation
et de la dispute, précis et net comme le procès-verbal
d'un chirurgien, passera non-seulement pour son
chef-d'œuvre, mais comme un des monuments les
plus originaux et les plus étonnants de la langue et
de la littérature françaises. Le plus grand poëte de
l'Allemagne en ce temps-là, un génie tout à l'antique, tout à la grecque, délicat sur le Beau jusqu'à
vouloir proscrire de l'Art tout mouvement et toute
passion, le traduira par enthousiasme, de cette même
plume vouée aux Muses de la Tragédie et de l'Épo-
pée. Les Beaumarchais du dix-neuvième siècle les
plus délurés, les plus brutaux envers l'histoire et ses
héros, s'arrêteront devant celui-ci, épouvantés de la
grandeur orageuse de ce type qui leur paraîtra tout un
siècle, toute une révolution, tout un monde ; et il
faudra plus de cinquante ans écoulés avant qu'un écrivain subtil, abondant entre tous, un maître des élé-
gances et des souplesses du langage, ose tirer de ces

pages éloquentes un commentaire pathétique comme
un drame, amusant comme la comédie la plus gaie,
émouvant comme une élégie et sinistre comme un
cantique d'extermination ; un livre plein de rires, de
larmes et de désolation, où, dès le titre, Jean Rameau
sera présenté comme la figure symbolique de vos
décadences et de vos perversités, et dont les dernières
lignes le consacreront le plus grand artiste, et même
(entendez bien ceci!) le plus grand philosophe de ce
temps où vous croyez encore qu'il n'y a de vraiment grands, de vraiment artistes et de vraiment
philosophes que vous-mêmes ! »

J'imagine qu'en entendant cela, ils eussent été bien
étonnés et que cette prédiction inattendue ne leur eût
point paru moins impertinente ni moins scandaleuse
que la fameuse prophétie de Cazotte, si tant est que
cette prophétie ne soit pas apocryphe et que La Harpe
ait été un rapporteur fidèle.—Et pourtant rien de plus
vrai !

On a beaucoup disserté de la formation des types
en littérature. Charles Nodier, dans un de ses plus
charmants articles de critique, a établi clairement qu'il n'y a de type véritable que celui dont le
nom évoque instantanément un personnage connu,
défini, complet, absolu en lui-même, antérieur à
tout autre. Tout le monde peut les nommer et les
connaît, ces créatures inoubliables lancées à tra-

vers le monde par le souffle puissant du génie, et vivant en pleine réalité dans toutes les mémoires, à l'égal des personnages les plus authentiques de l'histoire : don Quijotte à côté de don Juan d'Autriche, Hamlet à côté de Jacques Ier, Panurge à côté de Scaliger, Tartuffe à côté de Mme de Maintenon, Figaro à côté de Lafayette, Werther et René à côté du marquis de Favras et du prince de Prusse. Tous, indépendamment du caractère idéal, c'est-à-dire de la somme d'attributs généraux incarnés en eux par la volonté et le génie du poëte, ont un caractère de probabilité, de vérité si grand qu'on s'étonne de ne les point trouver à leur ordre dans les *Biographies*, et que de siècle en siècle et de génération en génération, les commentateurs s'entêtent par l'étude des temps, des milieux et des circonstances, à enlever à leurs auteurs quelque part de la paternité. Combien d'applications n'a-t-on pas faites aux contemporains des types de Rabelais, de Cervantès et de Molière ? Que de clés ont été produites des drames de Shakespeare et des *Caractères* de La Bruyère ? Qui sait ce qu'avant cent ans on aura dérobé à Beaumarchais de son Figaro ? Nodier dans ce même article observe judicieusement que tous les siècles ne sont pas également favorables à la production des types. Le dix-huitième siècle, siècle d'utopie et de satire, manquait de la foi robuste et de la puissance d'affirmation qui créent des existences viables. Tous les grands écrivains d'alors et les plus grands surtout, avaient d'ailleurs au même degré l'horreur du présent et l'amour du faux. Leur religion était une religion sans Dieu ; leur philanthropie n'était point amour de l'humanité telle qu'ils l'avaient autour d'eux et en eux-mêmes, mais amour d'artiste pour les créatures de leur imagination et de leurs systèmes. Comment dès lors auraient-ils pu arriver à cette combinaison du beau et du vrai qui, seule, donne la grandeur et la vitalité aux créations de l'esprit ? Aussi, les personnages de Rousseau, et ceux même de Voltaire, sont-ils non pas des types, mais des arguments : ceux de Voltaire, des arguments contre son temps ; ceux de Rousseau, des arguments en faveur de son utopie. Madame de Warens, étude d'après nature, est horrible ; Julie, figure idéale, est un monstre, répugnant à l'esprit par ses sophismes et au cœur par sa pédanterie. Quant aux personnages des romans licencieux de l'époque, aux Desgrieux, aux Faublas, aux Valmont, ils ne sont pas plus des types littéraires qu'un malade n'est le type de l'humanité, ou qu'un prévenu de cour d'assises n'est le type d'une société. Ce sont des accidents, des symptômes particuliers, mais qui ne représentent pas plus leur siècle que le genre humain. Peut-être en représentent-ils, hélas ! l'idéal ! mais à coup sûr ils n'en reproduisent pas la réalité. Tout ce papillonnage, ce *galantisme*, cette scélératesse de cœur, cette coquinerie de sentiments sont un manteau brillant jeté sur des plaies, qu'on ne veut pas avouer, mais qui se trahissent à chaque mouvement par des tressaillements, des convulsions, des grimaces, par l'exhalaison d'une haleine fiévreuse, par une odeur malsaine de putréfaction. Ces hommes ne sont jamais seuls ; il semble qu'ils aient peur d'eux-mêmes, du silence et des ténèbres. Jamais ils ne méditent : ils n'ont jamais avec eux-mêmes et avec leur désespoir de ces entretiens éloquents comme en auront René, Werther et Obermann, qui ceux-là certes seront des hommes. Je ne sais quelle terreur fatale les environne. Tandis que Desgrieux brouille les cartes, que Faublas prend ses degrés de séduction auprès des maîtresses de son père, que Valmont attaque une dévote et fait galamment avorter une innocente qu'il a galamment violée ; tandis que les élèves de Crébillon, de Louvet et de Laclos font le siége des boudoirs, errent dans les tripots, séduisent, corrompent, achètent, jouent et font bombance, on pressent vaguement autour d'eux la présence ou l'approche d'un témoin invisible et terrible, qui immobile dans l'ombre compte les minutes du festin, et qui, au jour et à l'heure, tout à l'heure peut-être, renversera d'un geste la table du banquet, et sur les débris de cette fête insolente rétablira les droits de la nature et de l'humanité violés. Eux-mêmes le pressentent, et ils ont peur. On le devine à l'ardeur, à l'impétuosité, à la violence avec laquelle ils se ruent aux plaisirs ; on le devine à leur forfanterie, à leurs imprécations, à leurs audaces ridicules. Dieu les menace, ils blasphèment ; le temps s'avance sur eux, ils s'enivrent ; le jour tombe, ils illuminent. Ils s'écrient comme Gœthe mourant : — *Mehr lust! Mehr lust!* plus de lumières ! Ils ne veulent pas d'ombres autour d'eux : ni ténèbres, ni silence ; rien que le bruit des chants et des verres, rien que l'éclat des parures, des peaux satinées, et le gai scintillement des bougies mille fois répété dans les miroirs limpides.

Alors un homme enfin paraît, celui-là sans préjugés, ni lois, ni pudeur. Il n'en veut point à ces hommes, il ne les hait point, il ne les méprise point ; au contraire, il les admire. Ce n'est point le vengeur en carmagnole et en sabots qui s'en ira quelque jour ensanglanter Versailles et Trianon. Il est vêtu comme eux, ou à peu près, et de son mieux ; il a de la poudre aux cheveux et des boucles à ses souliers. Il sait, comme eux, cambrer sa taille, lancer son chapeau sous le bras et jouer de la tabatière. Pour la polissonnerie, il est leur maître : il n'est ordure qu'il ne sache, impertinence où il n'excelle. Et, quand son habit, livrée de la bouffonnerie et de la bassesse, vient à se délabrer pour cause de chômage, il en a honte et il disparaît, et s'en va demander aux laquais et aux palefreniers un coin d'écurie pour y cacher sa défaite. Donnez-lui la verge du Messie, il ne chassera pas les marchands du temple : il les rançonnera et s'en ira ripailler avec leur argent. Seulement cet homme a un appétit féroce et un estomac de fer. Il a pris au pied de la lettre les enseignements de la philosophie de son temps, de cette philosophie qui a nié Dieu, qui a divinisé l'homme et livré le monde en arène aux instincts et aux passions. Il a pris au comptant les sourires de Voltaire et ses courbettes de courtisan. Toutes les plaisanteries, tous les paradoxes, toutes les infamies dont s'égayent au dessert les beaux esprits, gens de lettres, gens de robe, gens de finance et gens d'épée, il les a médités comme articles du catéchisme. Cet homme est plein de foi et de dévotion ; il a une foi absolue au succès, à la puissance, à l'opulence, aux priviléges que donnent le rang, la naissance, et le savoir-faire. L'habit doré d'un financier est pour lui l'étole du prêtre ; il communierait avec un louis. Il se demande par quels procédés, par quelles règles morales on peut se guinder et se maintenir à ces hauteurs où festoient, entre les cordons bleus et les traitants, les enfants perdus de la science et du talent. Il recueille avec soin les bassesses

qui ont conduit un Bouret à la fortune et un Palissot à
la table des grands ; il les analyse, il les commente, il
les formule. En un mot, au milieu d'une société corrompue, il dresse naïvement et avec conviction le
code de la platitude et de la servilité, comme, au sein
d'une nation effrénée, Machiavel avait dressé le code
de l'homme d'État et du tyran. Et ce code, il le suit
résolûment, sans autre regret, sans autre remords
que d'avoir par aventure manqué d'intelligence ou
d'application à le pratiquer. Il se reproche un retour
de dignité comme une vilenie. Chaque article de son
code est un précepte d'infamie qui doit le faire parvenir sûrement et le plus promptement possible à la
conquête des deux seuls biens que la philosophie du
siècle ait laissés pour mobiles à l'âme humaine, la
puissance et la jouissance. Nul devoir que celui d'être
heureux ; nul travail que celui qui peut y conduire.
Il fait fi de la gloire, comme il fait fi de la vertu. Il
n'a pas seulement étouffé en lui l'honnête homme,
l'homme d'honneur ; il a aussi étouffé l'artiste, et
quel artiste ! Le premier artiste de son temps ! fait-on
dire à Diderot. Et je suis très-disposé à n'en pas
douter, après l'avoir entendu, à travers la relation du
philosophe, persifler et ruiner, par raisons fondées et
concluantes, les théories pédantes du grand Rameau,
son oncle, exalter contre les passions du siècle le divin Gluck, et prédire l'avénement de Mozart et de

Cimarosa. Mais quoi ! c'est lui-même qui le dit, il se soucierait peu d'être Racine, si, avec tout son génie, l'auteur de *Bérénice* était un gueux ; il ne voudrait être ni Buffon sans Montbart, ni Voltaire sans les délices ; et il compare froidement la somme des plaisirs qui peuvent revenir au grand écrivain plein de gloire et à Briasson, le marchand de draps de la rue Saint-Honoré.

Et, remarquez-le, cet homme n'est point un cynique. Cynique, il se dresserait en face de son époque, et lui rejetterait sa propre infamie au visage. Il flagellerait les vices dont il se sert, et prendrait à partie ceux mêmes devant qui il s'humilie. Mais lui ne fronde rien et ne fait le procès à personne : point de récrimination, d'accusation ni de représailles. Il écoute, il observe, il déduit et il pratique. Que dis-je ? cette âme si profondément corrompue, et qui chaque jour travaillait si ardemment à se perfectionner dans l'abjection, cette âme n'était point mauvaise ! « Il y avait dans tout cela, nous dit Diderot, beaucoup de ces choses qu'on pense, d'après lesquelles on se conduit, *mais qu'on ne dit pas*. Voilà, en vérité, la différence la plus marquée entre mon homme et la plupart de ses entours. Il avouait les vices qu'il avait, que les autres ont, mais il n'était pas hypocrite. Il n'était ni plus ni moins abominable qu'eux ; il était seulement plus franc et plus conséquent, et quelquefois profond dans sa dépravation. » Et, en effet, cet homme était bon. Il avait eu une femme qu'il pleurait, qu'il avait adorée ; elle était si belle ! si dévouée ! si intelligente ! *Elle aurait eu tôt ou tard le fermier général... au moins.* « Je ne l'avais prise que pour cela ; je lui avais confié mes projets, et elle était trop raisonnable pour ne pas les approuver ! » Il est père, et bon père ; il a un fils qu'il chérit, et son auditeur frémit en lui entendant exposer le plan d'éducation d'après lequel il le dirige ; car ce fils, il le veut aussi corrompu, aussi pervers, aussi vil que lui-même, plus, s'il se peut, afin d'être d'autant plus sûr de son bonheur !

Tel est l'homme qu'un siècle gangréné, dissolu, sans autre règle que son orgueil, sans autre Dieu que ses vices, devait voir se lever à son déclin, comme la solution pratique du problème qu'il avait posé au monde. Dans ces quelques pages écrites par Diderot, sous la dictée d'un famélique, d'un pauvre diable sans rancune et sans fiel, mais plein de logique et de candeur, et qui réduisait toutes les actions humaines à cet art unique, l'art de *mettre sous la dent,* ne retrouve-t-on pas la conséquence suprême du système de la nature et de la philosophie du bonheur ? « Grand logicien ! » s'écrie Diderot. « Grand philosophe, et peut-être le plus grand philosophe de son temps ; » s'écrie, soixante ans après Diderot, M. Jules Janin ! Et il a raison. Grand philosophe, en effet, philosophe comme la satire est philosophie en face du vice, comme la parodie est philosophie en face du ridicule et de l'hypocrisie. Celui-là assurément est un type humain et symbolique, systématique et réel, il contient en lui les deux principes, les deux qualités auxquels l'esprit des siècles reconnaît les créations du génie. Peu m'importe qu'il ait existé positivement ; et je dirais presque, si je ne songeais qu'à la gloire des lettres, que j'en suis fâché. Oui, sous le Rameau du grand écrivain Diderot, il y a un Rameau véritable, un misérable croque-notes, un pauvre donneur de leçons, sans clientèle et sans réputation ; de même que, sous le Werther de Gœthe, cet interprète de tous les désespoirs et de tous les désenchantements, il y a l'étudiant Jérusalem. Supprimez cependant l'œuvre du poëte, et, au lieu du cantique et de la plainte de tout un monde agonisant, vous n'avez plus qu'une vulgaire anecdote. Anéantissez l'éloquente consultation du psychologue, Rameau n'est qu'un cadavre de plus au sein d'une société pourrie. Il nous restera encore de lui, je le sais, un portrait crayonné par Carmontelle, un *on dit* du *Tableau de Paris* de Mercier, et un souvenir de Jacques Cazotte, son ancien camarade de collége, qui, un jour, par plaisanterie, rima sous son nom le poëme burlesque de la *Nouvelle Raméide*. Mais le caractère, le héros, la statue, le type, cette torche résineuse dont la clarté blafarde

et fumeuse fait pénétrer nos regards dans les bas-
fonds de cette société dont les coryphées n'ont voulu
nous montrer que les aspects brillants et menteurs ;
ce flambeau qui, par instants, éclaire les recoins om-
breux du salon des Belle-Rose et du boudoir des
Merteuil, nous ne l'avons plus ; il est perdu. C'est
que, si la nature crée les types, c'est le génie qui les
engendre ; sans lui, sans ce crayon intelligent qui en
arrête fermement les contours, sans ce savant pin-
ceau qui les modèle et les fait palpiter, ils restent à
l'état de germes mystérieux et informes, sans couleur
et sans vie.

Je n'ai pas à reparler du style de Diderot. Charles
Nodier, le grand maître en ces études délicates, a
dans un article spécial [1], montré merveilleusement
et de façon à ôter l'envie d'en rien dire après lui,
tout ce que la prose moderne devait à Diderot, et
comment ce fils d'un coutelier de Langres, animé de
toutes les ardeurs qui poussaient les fils de la
menue bourgeoisie d'alors à l'assaut des jouissances
intellectuelles comme de tous les autres biens, s'y
était pris pour redonner à la langue écrite cette
flamme et cette franchise qui semblaient perdues

---

[1] *De la prose française et de Diderot*, article de la
Revue de Paris, reproduit dans le *Bulletin du Bibliophile*,
de juillet et août 1861.

depuis le seizième siècle, et qui ne se trouvent d'ailleurs qu'aux époques de combat et d'agitation. Ceux qui ont reproché à Diderot d'être trop personnel et d'abuser du *je* et du discours direct, ont méconnu le sens de la révolution qu'il a opérée dans la prose française, au dix-huitième siècle : ce nouveau venu, qui avait toute la passion et toute la bravoure des troupes fraîches et des nations vierges, devait étouffer dans les cases d'une réthorique cadastrée comme par des Chinois. Il trouvait une littérature machinée et réglée comme un automate, et dont tous les mouvements étaient prévus ; une langue qui n'était plus une langue, mais un formulaire banal d'expressions surannées et détournées, par abus séculaires, de leur sens primordial et naturel. Quel instrument, pour un enthousiaste, que la poësie de l'abbé de Bernis ou que l'éloquence des harangues académiques ! Résolu à être vrai et à parler pour son compte, il fit ce que la sagesse antique conseille à tout homme qui cherche la vérité : il la chercha en lui-même. Il infusa la langue parlée dans la langue écrite ; et comme heureusement il parlait bien, comme cet esprit ardent était nourri des bonnes études, et que la connaissance des sciences philosophiques, naturelles et mathématiques lui livrait un vocabulaire abondant, il sut trouver un style singulièrement éloquent, net et puissant, « un style, dit Nodier, spontané comme l'imagination,

.indépendant et indéfini comme l'âme, un style qui vit
de lui-même, et où la pensée s'est incarnée dans le
verbe... Il s'est saisi de sa parole, il l'a pétrie, il l'a
modelée, il a soufflé dessus, et il lui a donné une
âme. » Une âme ! son âme à lui : une âme de poëte,
de philosophe, d'artiste, mais surtout l'âme d'un
homme fier et franc, sincère, à qui toute convention
et toute transaction répugnaient et qui avait horreur
de la pensée du voisin comme du bien d'autrui.

Quant à moi, ce que je trouve autant à admirer
en Diderot que l'énergique nouveauté de son style,
c'est la sincérité de son système de composition. Et
je m'étonne que Nodier, si fervent dans son admiration pour l'écrivain, soit sur ce point d'une sévérité
exclusive. Je parle de cet art nouveau, ou retrouvé,
de mettre toutes choses en rapport parfait avec les
conditions de temps, de lieu, de ton, de personnes.
Un exemple fera immédiatement comprendre ce que
je veux dire.

En lisant *Paul et Virginie*, on ne pense plus au
vieillard assis sur un tertre qui a pris la parole au
commencement du livre ; et quand, après la cata-
strophe pathétique qui le termine, on nous dit: — *Le
vieillard ayant achevé son récit, me serra la main et
s'éloigna en pleurant*, la magie cesse. On n'oublie
ni la beauté des descriptions, ni l'orage, ni le nau-
frage, ni les conversations charmantes qui ont fait de

ce roman la peinture immortelle de l'amour innocent ; mais dès ce moment l'admiration est gênée,
comme elle le serait à une représentation d'une tragédie où le commissaire du théâtre assisterait sur la
scène en habit noir et en gants blancs.

Diderot ne fût jamais tombé dans une faute semblable : son instinct d'artiste l'eût immédiatement
averti que le tableau était hors de proportion avec le
cadre et qu'il fallait ou changer de forme, ou modi-
fier la donnée.

Avec lui, une lettre est une lettre, une conversation est un conversation. Dans *Ceci n'est pas un conte ;*
chacune des histoires contées par les deux interlocuteurs eût naturellement comporté le développement
que Bernardin de Saint-Pierre a donné à son roman
de *Paul et Virginie.* Cependant l'auteur a su, à force
d'art, si bien ménager son récit, amener si naturellement les interruptions et les répliques, garder si
délicatement d'un bout à l'autre le ton de l'improvisation, que, sans rien perdre du pathétique des
deux aventures, nous ne doutons pas que nous n'as-
sistions à l'entretien de deux amis qui s'écoutent
tour à tour l'un l'autre et échangent librement leurs
impressions et leurs remarques.

Dans un autre conte, l'*Inconséquence du jugement
public,* le procédé est encore plus rigoureusement
observé. Deux amis se promènent au sortir d'une

réunion : ils parlent d'abord de la pluie et du beau temps. Un homme passe ; cet homme a été le héros d'une aventure que le monde a diversement jugée, et sur laquelle les deux amis ont chacun une opinion différente. On parle, on discute, on argumente, on s'irrite, on se fâche ; et à travers la discussion la question nous est révélée sous ses deux faces : le pour et le contre, le point de vue de l'enthousiaste et celui du sceptique. Cependant les nuages qui faisaient craindre la pluie se sont dissipés ; voici les étoiles qui se montrent : on se sépare sans s'être accordés, et néanmoins bons amis. Et nous, lecteurs, nous croyons entendre se refermer la porte du dernier rentré, et nous restons persuadés que nous avons assisté à un véritable entretien dont nous cherchons la conclusion.

Dans le *Neveu de Rameau*, son chef-d'œuvre, il est évident que Diderot savait avant de commencer qu'il allait agiter les problèmes les plus graves et les plus profonds de la conscience humaine, et qu'il avait sous la main de quoi composer une thèse, un traité de morale. Il ne l'a pas voulu. Il lui a plu de laisser à son argumentation tout le relief et tout le vif d'une conversation ; il s'est dit qu'il avait plus de chance d'être lu sous cette forme pressante et animée, et plus de chance aussi de forcer l'esprit du lecteur à discuter et à conclure. L'existence du personnage étant attestée par plusieurs témoignages, il est possible que cet entretien ait

eu lieu ; mais il est probable aussi que dans cette relation qu'il nous en donne Diderot a mis beaucoup du
sien. Accordé que dans l'argumentation du musicien
Rameau il ait résumé plusieurs entretiens précé-
dents, il est certain pour moi, à la disposition du discours, à cette gradation savante, qu'il a voulu, lui
philosophe, présenter aussi le résumé de ses propres
méditations et de ses écrits. Cet homme sincère, honnête, humain, devait s'interroger souvent, et si la
mobilité de ses nerfs irritables, si la contradiction et l'ardeur de son tempérament le provoquèrent
en public à des affirmations violentes, il est à supposer que dans le secret il était vis-à-vis de lui-
même moins intrépide et moins absolu. Est-ce un
pamphlet qu'il a voulu écrire contre les mœurs et
les opinions de son temps ? Est-ce sa confession de
sceptique découragé qu'il a voulu laisser ? Je serais
tenté de le croire quand je songe que ce dialogue
est resté jusqu'à la fin de sa vie non-seulement
inédit, mais secret, et que ce n'est que par la
version d'un étranger, à qui une copie en avait été
communiquée, que son existence nous a été révélée
pour la première fois. Comment aurait-il pensé à le
publier de son vivant, lui, Diderot le philosophe, cet
écrit où la philosophie naturelle, alors régnante, et
qui tout à l'heure allait devenir le culte de la Raison,
était de page en page bafouée et incriminée, où de page

en page, dans les aparté et jusque dans les réticences de l'auditeur on surprend cette exclamation de désespoir : *Voilà donc l'homme tel que nous l'avons fait !* Qu'en eût dit le troupeau philosophique ? qu'en eût dit *le Baron ?* qu'en eussent dit les collaborateurs de l'*Encyclopédie ?* Naigeon lui-même, Naigeon, l'Achate de Diderot, son singe et sa caricature, et qui plus tard devint son éditeur, Naigeon, en 1760, n'eût-il pas crié : Aü traître ! Assurément le doute est dans cet écrit ; la forme même adoptée par l'auteur, cette forme alternée, favorable aux pondérations du sceptique, en est la preuve. Diderot se fuit lui-même : il est tour à tour Diderot le philosophe et le neveu de Rameau. Et quelle conduite savante ! que d'habileté dans ce début qui prélude à un orage par une pastorale ! quelle prudence dans ces premières pages d'un réquisitoire fulgurant, qui commence par des riens, par des généralités des plus communes, par une promenade et une dissertation sur le jeu des échecs !

Le philosophe est assis sur un banc du Palais-Royal ; c'est son heure de récréation. Il entre par désœuvrement au café de la Régence, pour voir jouer aux échecs, *pousser le bois,* comme il dit. Un homme l'aborde, un de ces coquins, dit-il, qu'on méprise, mais qu'il ne déplaît pas de rencontrer une fois l'an, à cause de leur originalité qui tranche sur la monotonie des compagnies ordinaires. Il n'est pas douteux que dans ce dialogue Diderot ne se sacrifie volontairement à son interlocuteur, et que volontairement il ne se donne non-seulement le sot rôle, mais le rôle d'un sot. C'est au reste une manœuvre familière aux curieux patients qui dans un entretien avec un personnage singulier, se rabattent à lâcher de temps en temps une banalité pour irriter, pour éperonner la verve de l'improvisateur. L'entretien débute paisiblement, gaîment ; ce sont d'abord des anecdotes, des on-dit, des lazzi, des bouffonneries ; Diderot rit à se tenir les côtes. Mais peu à peu le ton monte, passe du sombre au grave et du grave au terrible. Le parasite et le bouffon qui, d'abord se moquait de lui-même, le parasite donne ses raisons, il expose au philosophe naturaliste comment, le but de cette vie étant le bonheur, il a le droit de chercher le bonheur qui lui convient et par les voies qu'il préfère. Le travail est pénible, donc il le fuit. Et comme il est gourmand, paillard, voluptueux et fainéant, il a raison d'être vil, il a raison d'être fourbe, plat, menteur, fripon, reptile, proxénète, si la vilenie, la platitude et le reste sont les moyens les plus sûrs et les plus doux de parvenir aux jouissances qui constituent le bonheur pour lui. Quelle réponse à faire à cela, que de lui dire qu'il est un *fainéant*, un *lâche* et une *âme de bouc !* Il le sait, et il le dit modestement et sans emphase. Ramper est son allure, comme voler est l'allure de l'oiseau, comme nager est l'allure du poisson, comme bondir est l'allure du tigre ; et il prétend que son allure soit respectée autant que le vol de l'aigle, l'agilité de la truite ou la rapidité du tigre. Il veut même qu'on l'admire s'il sait mieux ramper, avec plus de grâce et plus adroitement que les autres. Il a ses maîtres, ses héros, ses classiques qu'il envie et qu'il exalte : Bouret le plat, Palissot le méchant, et surtout ce renégat d'Avignon, qui sut avec tant de génie, de patience et d'habileté s'emparer des trésors de son bienfaiteur en le faisant condamner à mort.

A la fin Diderot ne rit plus ; il devient triste, il est gêné. Ce n'est plus du mépris que lui inspire l'homme qu'il a devant lui, ce n'est plus du dégoût, ni de l'horreur, c'est de l'effroi. Effroi légitime, car le personnage a grandi ; ce n'est plus un homme, c'est un système, c'est un philosophe, pardieu ! Un logicien qui expose et qui discute et qui déduit au sophiste épouvanté les conséquences extrèmes des principes mêmes qu'il a posés. Il lui parle, comme il en a tant parlé lui-même, de la nature et des instincts de l'humanité. Sa vilenie n'est plus un vice, c'est une doctrine qu'il professe ; car il a des élèves, et Diderot frémit en lui entendant exposer l'éducation qu'il donne à son fils. N'en doutez pas, philosophe, Rameau lui-même, ce Rameau qui vous effraye, sera dépassé. Après les affamés de jouissances viendront les affamés de pouvoir. Trente ans plus tard, lors de la grande explosion des griefs formulés par la philosophie, Rameau, le père, eût sans doute été sacrifié avec le régime dont il était le parasite : son fils eût été proconsul, Carrier ou Joseph Lebon. La parole de cet homme que Diderot écoute avec effroi, ce n'est en somme que l'enseignement dépravé par des esprits trop impétueux et trop positifs de la philosophie du siècle. — *Il faut être heureux, cher Émile...* Diderot, pour être heureux, a besoin de gloire et d'estime publique. Rameau a besoin d'une bonne table, d'un bon lit, de bons vins et de belles filles, et surtout il a besoin de les avoir pour rien.

Remarquons encore que Rameau ne déclame jamais. C'est la plus grande preuve du merveilleux talent de Diderot que, dans un sujet si inductif à déclamation, il ait toujours gardé le ton d'un entretien familier. Que Diderot s'indigne ou se fâche, que Rameau narre ou s'enflamme, nous ne perdons jamais de vue la salle du café, la banquette où les deux acteurs sont assis, les tables voisines où l'on joue aux échecs, les garçons qui vont et viennent. Même au milieu de la narration la plus vive, les interruptions ne surprennent point, et souvent même elles soulagent à la façon des chœurs des tragédies antiques, qui parlaient pour les spectateurs. Rameau prend tous les tons, le bouffon et le sérieux, le vif et le grave ; il s'exalte, il rit, il pleure, il analyse, il raconte, il délire, il contrefait les gens, il joue la pantomime ; et dans cette course effrénée d'un bout à l'autre du clavier des passions humaines, pas une discordance, pas une note qui s'écarte du ton général, rien qui sente le livre ni le docteur. Si après quelque histoire un peu sombre, telle que l'aventure du renégat d'Avignon, Diderot sent son indignation près d'éclater, il se contient, il se tait ; et après un silence auquel se trompe la naïveté de son interlocuteur il retourne l'entretien sur quelque sujet nouveau, épisodique, sur la musique par exemple ; et nous avons l'admirable épisode : *Qu'est-ce qu'un chant ?* où Diderot a donné, en grand artiste, toute la théorie de l'art du compositeur, comme, un peu plus loin, il expose, avec une brièveté lucide, l'histoire des révolutions musicales de son temps.

Gœthe, dans son commentaire, insiste sur le mérite de ces digressions ; mais la subtilité du génie germanique le fait peut-être aller trop loin , quand il prétend que la musique est le fond même, ou du moins le canevas du dialogue de Diderot, et que les dissertations musicales y étaient suggestives des considérations morales. La profession de Jean

Rameau, ses goûts, ses habitudes donnaient l'art musical comme moyen naturel de diversion dans son entretien philosophique. Diderot l'a employé de façon à ajouter de la vraisemblance à la scène et de l'intérêt au personnage. C'est, en effet, l'artiste qui relève le parasite et l'homme dépravé. En l'entendant parler de son art avec enthousiasme, et avec cette lucidité qui atteste la plénitude du savoir, on découvre le filon d'or caché sous les scories et sous les fumiers des écuries du prince de Soubise ; on ose aimer ce gueux, ce chenapan ; on l'écoute, on l'estime, on le respecte. On devine l'âme que ce malheureux s'acharne à étouffer sous les préjugés de sa funeste éducation. Il a beau répéter qu'il en a fini avec l'art, qu'il n'a plus conservé des sentiments de l'artiste que l'envie, qu'il fait fi de la gloire et du génie, et qu'il tordrait le cou à son enfant s'il croyait qu'il dût jamais savoir une note. On se dit : « Non, tu n'es pas méchant, toi qui as l'amour et l'intelligence de ce qui est beau, de ce qui est grand, de ce qui est élevé ; tu n'es point mauvais, puisque la beauté t'émeut et t'agite ; tu n'es point pervers, puisque tu as l'admiration désintéressée ; tu n'es point né vil, puisque tu sais t'élever à la hauteur du génie et t'y maintenir en le comprenant ! » Un peu de gloire eût purifié sa vie : en lui donnant un quart d'heure de gloire, Diderot anoblit pour un moment cet homme, qui eût été grand et

bon, s'il avait su retenir un peu de cette confiance
dans l'honneur que les mœurs de son siècle lui ont
fait perdre.

Point de conclusion : cinq heures sonnent ; c'est
l'heure de l'Opéra. Rameau met son chapeau sous
son bras, prend congé de son auditeur, et s'en va
aussi gai, aussi leste, aussi insouciant qu'il est entré.
Et Diderot reste seul à méditer sur tout ce qu'il
vient de voir et d'entendre, et sur tout ce qu'il a
éprouvé et pensé lui-même. Nous le voyons accoudé
sur cette table de café, et se demandant comment on
peut s'y prendre pour accorder tant de contradic-
tions et tant d'extrèmes, tant de folie et tant de sagesse, tant d'orgueil et tant de bassesse, un si bel
enthousiasme et une si plate grossièreté. *Est-il bon ?*
Est-il méchant ? c'est le titre d'une comédie de Diderot
(comédie retrouvée dans ses papiers après sa mort,
et que, par parenthèse, les comédiens feront bien de
ne jamais représenter, attendu qu'elle n'est pas
plus une pièce de théâtre que le *Neveu de Rameau*
n'est une comédie de société ; — ailleurs que dans
les drames écrits pour la scène, Diderot emploie le
dialogue comme forme de raisonnement et sans
aucune intention dramatique). — Dans la comédie et
dans le dialogue, la pensée est la même. Diderot en
était-il venu par l'abus du raisonnement à une complète incertitude morale ? Ou bien se plaisait-il à

affiner les termes de son dilemme jusqu'à rendre
insensible à l'œil du vulgaire la transition du gauche
au droit, du bien au mal? Dans la comédie, Hardouin s'amuse à compromettre tous ceux qu'il sert :
il obtient une pension pour une veuve en se disant le
père de son enfant ; il fait consentir une mère au
mariage de sa fille en lui insinuant qu'elle a pris une
avance sur le mariage. Est-il bon? Est-il méchant?
La veuve est un peu déshonorée, mais elle a une pension ; sa fille est mariée, mais elle a perdu l'honneur.
Hardouin parle et raisonne comme Rameau ou plutôt il
est Rameau lui-même. Il est Rameau dans la bonne
compagnie, comme Rameau est Hardouin dans la
mauvaise. Vaut-il mieux avoir un peu moins de vertu
avec la vie plus facile et plus commode, ou bien la
vertu aux prix des déceptions, des sacrifices, de la
misère? voilà la question. Diderot a-t-il voulu tendre
un piége à la frivolité de ses contemporains? A-t-il
prétendu dire qu'on peut faire bon marché de l'honneur dans une société qui en a perdu le sens?

Il ne conclura pas plus pour Rameau que pour
Hardouin. L'homme qu'il a devant lui personnifie les
appétits, le dérèglement moral de son temps. C'est
bien là ce que pouvait être un homme mal né et
ignorant, avec une intelligence rapide et une sensibilité ardente, dans un monde corrompu et infatué
de sa civilisation. Et cet homme, il nous le montre,

afin de nous faire rêver à notre tour, et afin que
ce problème complexe, après avoir exercé sa conscience, exerce aussi les nôtres. Nous perdons à
cette réserve et à cette ruse de Diderot un commentaire éloquent qui eût pris place parmi ses œuvres
philosophiques, avec l'*Essai sur le mérite et la vertu*,
avec l'*Étude sur Claude et sur Néron* et les articles de
l'*Encyclopédie ;* mais à défaut d'un *traité* ou d'un
essai, il nous a laissé une page vivante, une note pour
l'histoire morale de l'humanité. Il a produit un témoignage perpétuel, et qu'il faudra consulter toutes
les fois que sera évoqué le grand procès de la conscience humaine.

Dans les temps où les lois de la morale sont ou-
bliées ou négligées, ce n'est pas d'en rappeler les
principes qui est difficile : ils sont éternels et ils sont
simples. Ce qui est difficile, c'est de les appliquer :
c'est de savoir ce qui, dans un être corrompu, ou dé-
gradé, ou avili, revient à la nature, et ce qui revient
à l'éducation ; c'est de rechercher dans les vices d'un
siècle les éléments des vertus d'un autre, et d'étudier
dans ces déplacements ce que peut être sur la conscience et sur les mœurs l'influence des préjugés, de
l'exemple et des systèmes. Non pas que je veuille
dire — et à Dieu ne plaise ! — qu'un coupable peut
être absous par les fautes de son temps. Mais, sans
prétendre le justifier, que de raisons d'excuse !...

Que lui a-t-on prêché? Que lui a-t-on appris? Quels ont été ses dieux, ses maîtres, ses modèles? Quel air a-t-il respiré? Quels breuvages lui a-t-on fait boire? Condamnons ce coupable, puisqu'ainsi le veut la loi éternelle, l'éternel intérêt de l'honneur et de la dignité humaine; mais dans ce procès fait à un individu tour à tour criminel et victime, n'oublions pas ses complices. Condamnons avec lui, dans le même intérêt humain, dans l'intérêt de l'avenir, les doctrines, les sophismes qui ont flétri sa conscience et troublé sa raison.

On a parlé, à propos de ce dialogue, de complicité du peintre avec son modèle : on a reproché à Diderot son indulgence, on a incriminé ses sourires. Complicité, soit! si l'on m'accorde que c'est la complicité de la pitié avec la faiblesse et de la générosité avec l'ignorance. Au fond, Diderot, malgré ses élans d'indignation, ses récris, ses mouvements d'horreur, aime ce malheureux qui lui sert de passe-temps et de sujet d'étude. Il l'aime pour cette candeur qui lui fait « montrer ses bonnes qualités sans ostentation, et les mauvaises sans pudeur. » Il l'aime en le méprisant, dit-il, en le houspillant, en le maltraitant; et certes il ne se gêne pas pour lui donner les noms les plus odieux et les plus infâmes. Mais quand l'autre se redressant sous l'injure lui répond : — *qu'il le sait bien*, — le philosophe déconcerté se sent désarmé par cette naïveté, à laquelle il trouve un air d'innocence. C'est qu'il est innocent en effet; innocent comme le sauvage, comme l'esclave antique, comme l'enfant abandonné, comme tous ceux qui ignorent la loi, soit qu'on n'ait pas daigné la leur apprendre, soit qu'on la leur ait rendue méconnaissable. Donnez à cet homme élevé dans la rue un seul ami vertueux; imposez silence aux sophistes qui lui prêchent le bien-être et le bien-vivre, forcez à la pudeur les vices dont le scandale l'ont perverti, attendrissez son oncle, rendez-lui quelque confiance au travail et à l'honneur, et qui osera dire que les mêmes passions, la même énergie, les mêmes dons de l'esprit qui ont fait de lui un type accompli de dépravation ne tourneront pas au profit de l'artiste et de l'homme moral? Certes celui-là n'est pas un hypocrite! tout ce que d'autres pensent tout bas, il le dit tout haut. Il porte à nu les vices de son siècle et ses folies, et peut-être avec l'orgueil d'une franchise plus grande, eût-il pu dire plus légitimement que Rousseau: Je vaux mieux que vous! Mais il n'y songe pas : il n'a ni cet orgueil, ni cette emphase. Il ne se pose pas, il agit, il pratique, il obéit et croit en conscience accomplir simplement et avec docilité la loi visible de la société où il vit.

Et c'est pourquoi Diderot a raison de s'emparer de ce misérable, de le montrer nu à ses contemporains et de leur dire : Regardez cet homme, nul de vous ne vaut mieux que lui.

De telles leçons sont bonnes dans tous les temps. Puisse-t-on dire que le nôtre en avait moins besoin que celui du philosophe Diderot.

CHARLES ASSELINEAU.

AVIS DE L'ÉDITEUR

Nous avons suivi, pour cette nouvelle édition du *Neveu de Rameau*, le texte de l'édition Brière (Paris 1821) en nous permettant néanmoins d'y faire quelques changements. Le plus importants (p. 33) est une suppression qui nous a paru indiquée par le bon sens et dont nous avons donné en note les motifs. Tout le monde sait que la première édition française du *Neveu de Rameau* a été faite, non pas sur le manuscrit de l'auteur, mais sur la version allemande de Gœthe qui professait pour Diderot, et particulièrement pour cet ouvrage, une vive admiration. Cette première édition française, traduction d'une traduction [1], a donc pour principal mérite de faire apprécier, à travers ses inégalités, l'exactitude et l'habileté du traducteur allemand. Les quelques variantes que présentent les deux textes, celui de l'édition Brière et celui que Gœthe a traduit, ont pu faire croire à l'existence de copies différentes, communiquées par Diderot à ses amis. Mais ces différences ne sont pas assez importantes pour pouvoir être attribuées à l'auteur. Elles sont plutôt le fait des lecteurs eux-mêmes, qui ne se seront pas fait scrupule d'altérer le manuscrit; et dans tous les cas la leçon de l'édition Brière est incontestablement la bonne. Gœthe avait ajouté à sa traduction (*Rameau's Neffe, ein Dialog von Diderot, aus den Manuscript übersetz und mit anmerkungen begleitet von Gœthe*. Leipzig, 1805) quelques notes sur les principaux personnages cités dans le dialogue. Nous les aurions traduites par respect pour la pensée de Gœthe, si elles n'avaient aujourd'hui perdu tout intérêt. Les lecteurs allemands de 1805 pouvaient désirer d'être renseignés sur l'abbé Leblanc, sur Le Batteux, sur Palissot; les lecteurs français de 1862 n'en ont plus besoin. Nous n'avons eu qu'une seule fois recours au commentaire de Gœthe, à l'article du baron de Bagge, sur lequel les éditions françaises nous donnaient pour tout renseignement l'adresse de son hôtel, rue Neuve-des-Petits-Champs.

1. Cette traduction, ouvrage de M. Saur, auteur dramatique, a paru chez Delaunay, au Palais-Royal, en un volum in-8°, orné d'un portrait apocryphe.

L'excellente traduction de Gœthe, où le génie ne se manifeste pas moins par la fidélité que par la beauté du style, nous a d'ailleurs rendu d'autres services. Elle nous a permis d'élucider certains passages restés obscurs ; de corriger certaines erreurs qui s'étaient perpétuées dans les différentes éditions françaises par suite d'une première lecture fautive.

Ainsi, au moment (p. 39 de cette édition) où Diderot décrit la pantomime de Rameau assis devant son clavecin imaginaire, l'édition Brière et toutes celles qui ont suivi, en y comprenant l'édition de Génin, terminent ainsi ce passage : « Mais ce qu'il avait de bizarre, c'est » que de temps en temps il tâtonnait, se reprenait » comme s'il eût manqué, et se *dépitait de n'avoir plus* » *la même peine dans les doigts.* » En cherchant à nous expliquer ce dernier trait, qui est un contre-sens manifeste, nous avons eu recours au texte allemand. Gœthe a traduit ainsi ce passage : *Sich argerte das stück nicht gelausig in den Fingern zu haben;* mot à mot : *Il se dépitait de n'avoir plus le morceau aisé dans les doigts.* Le sens est ici clair et conséquent avec ce qui précède, et il est évident que l'obscurité du texte français tenait à une altération des premiers copistes. Sur quels mots pouvait porter cette altération ? Il nous a semblé que ce devait être sur le mot principal de la phrase, le substantif *peine*, remplacé dans sa version allemande par le mot *stück*, morceau, ou pièce. Pendant tout le dix-huitième siècle on a donné, en parlant d'ouvrages de musique, au mot *pièce* le sens que nous donnons aujourd'hui au mot *mor-*

ceau. Le dictionnaire de Trévoux, publié en 1772, dit qu'en musique ce mot s'applique à de certaines compositions faites pour être jouées sur des instruments, — une *pièce* de luth, de théorbe, de clavecin, etc. Nous nous sommes cru, d'après cela, autorisé et par le sens et par l'usage à substituer le mot pièce au mot peine, en supprimant le prénom *même* qui paraît n'avoir été ajouté que pour essayer de pallier l'erreur du copiste.

Plus loin (v. p. 119), à la fin du paragraphe où Rameau prédit l'avénement d'une nouvelle école musicale, l'édition Brière porte : « C'est comme cela qu'on dit que les jésuites ont implanté le christianisme à la Chine et aux Indes; et, ces *jésuites* ont beau dire, etc... » Tous les éditeurs ont répété cette leçon sans se demander comment les jésuites pouvaient blâmer ce qui leur avait réussi. La traduction allemande nous a donné, dans le second membre de la phrase: *Jansenisten*, ce qui rétablit pleinement le sens.

Pag. 130. Toutes les éditions ont imprimé : « Comment se fait-il qu'avec un tact aussi fin... vous soyez aussi aveugle en morale, aussi insensible aux charmes de la vertu ? — C'est qu'apparemment il y a *pour les unes* un sens que je n'ai pas... » Au lieu de ce: *pour les unes,* qui rend la phrase absolument incorrecte, Goethe a écrit : *für diese,* pour cela, ce qui détruit l'incorrection.

Pag. 144. Nous avons encore pu, grâce à Goethe, corriger une phrase tout à fait inintelligible: « Tu voudrais bien avoir fait quelque chose qui excitât l'admiration de l'univers. Eh! oui, il n'y a qu'à souffler et à remuer les

doigts. » Toutes les éditions portent après ces mots :
Il n'y a qu'à ouvrir le bec, et ce sera une canne. A la place
de ces mots barbares, nous avons trouvé dans l'allemand :
Taille un roseau et fais-en une flûte. Nous n'indiquons ici
que les plus importantes de ces corrections, que nous
soumettons en toute humilité à la critique.

Le texte de Gœthe contient en outre tout un passage
assez long omis dans les éditions françaises. Ce passage
ne nous a point paru assez important pour que nous
nous crussions autorisés à l'intercaler dans notre texte.
On le trouvera en appendice à la fin du volume.

Nous rapportons enfin ici les deux seuls témoignages
contemporains, qui attestent la réelle existence du neveu
de Rameau. L'un est tiré du *Tableau de Paris* de Mercier,
l'autre, de la préface de la *Nouvelle Raméide*, poëme
comique de Cazotte, qui était le compatriote de Jean
Rameau, et avait été son condisciple au collége des Jésuites de Dijon. Il est encore question de Rameau dans
la notice biographique placée en tête des œuvres de
Cazotte (Paris, 1817, 4 volume in-8°), à propos du pari
soutenu par l'auteur du *Diable amoureux*, qui s'était engagé à composer en un jour un opéra-comique sur le
premier mot qui lui serait donné. Le mot donné était
Sabots; et Cazotte gagna son pari. On raconte qu'il y fut
aidé par un musicien qui improvisa la musique à mesure qu'il improvisait les paroles : ce musicien était
Jean Rameau.

NOTE DE MERCIER

—

« J'ai connu, dans ma jeunesse, le musicien Rameau, c'était un grand homme sec et maigre, qui n'avait point de ventre, et qui, comme il était courbé, se promenait au Palais-Royal toujours les mains derrière le dos, pour faire son aplomb. Il avait un long nez, un menton aigu, des flûtes au lieu de jambes, la voix rauque. Il paraissait être de difficile humeur. A l'exemple des poëtes, il déraisonnait sur son art.

» On disait alors que toute l'harmonie musicale était dans sa tête. J'allais à l'Opéra, et les opéras de Rameau (excepté quelques symphonies) m'ennuyaient étrangement. Comme tout le monde disait que c'était là le *nec plus ultra* de la musique, je croyais être mort à cet art, et je m'en affligeais intérieurement, lorsque Gluck, Piccini, Sacchini, sont venus interroger au fond de mon âme mes facultés engourdies ou non remuées. Je ne comprenais rien à la grande renommée de Rameau ; il m'a paru depuis que je n'avais pas alors si grand tort.

» J'avais connu son neveu, moitié abbé, moitié laïque, qui vivait dans les cafés, et qui réduisait à la mastication tous les prodiges de la valeur, toutes les opérations du génie, tous les dévouements de l'héroïsme, enfin tout ce que l'on faisait de grand dans le monde. Selon lui, tout cela n'avait d'autre but ni d'autre résultat que de placer quelque chose sous la dent.

» Il prêchait cette doctrine avec un geste expressif et un mouvement de mâchoire très-pittoresque ; et quand on parlait d'un beau poëme, d'une grande action, d'un édit : « Tout cela, disait-il, depuis le maréchal de France » jusqu'au savetier, et depuis Voltaire jusqu'à Chaband » ou Chabanon, se fait indubitablement pour avoir de » quoi mettre dans la bouche, et accomplir les lois de la » *mastication.* »

» Un jour, dans la conversation, il me dit : « Mon » oncle musicien est un grand homme ; mais mon père, » soldat, puis violon, puis marchand, était un plus grand » homme encore ; vous allez en juger : c'était lui qui » savait mettre sous sa dent ! Je vivais dans la maison pa- » ternelle avec beaucoup d'insouciance, car j'ai toujours

» été fort peu curieux de *sentineller* l'avenir. J'avais vingt-
» deux ans révolus, lorsque mon père entra dans ma
» chambre et me dit : « Combien de temps veux-tu vivre
» encore ainsi, lâche et fainéant? Il y a deux années que
» j'attends de tes œuvres : sais-tu qu'à l'âge de vingt ans
» j'étais pendu, et que j'avais un état? » Comme j'étais
» fort jovial, je répondis à mon père : « C'est un état que
» d'être pendu! Mais comment fûtes-vous pendu, et en-
» core mon père?

» — Écoute, me dit-il, j'étais soldat et maraudeur, le
» grand-prévôt me saisit, et me fit attacher à un arbre.
» Une petite pluie empêcha la corde de glisser comme il
» faut, ou plutôt comme il ne fallait pas. Le bourreau
» m'avait laissé ma chemise, parce qu'elle était trouée :
» des houssards passèrent, ne me prirent pas encore ma
» chemise, parce qu'elle ne valait rien, mais d'un coup
» de sabre ils coupèrent ma corde, et je tombai sur la
» terre : elle était humide; la fraîcheur remit mes es-
» prits. Je courus en chemise vers le bourg voisin; j'en-
» trai dans une taverne, je dis à la femme : « Ne vous
» effrayez pas de me voir en chemise; j'ai mon bagage
» derrière moi. Vous saurez.. Je ne vous demande
» qu'une plume, de l'encre, quatre feuilles de papier,
» un pain d'un sou et une chopine de vin. » Ma chemise
» trouée disposa sans doute la femme de la taverne à la
» commisération. J'écrivis sur les quatre feuilles de pa-
» pier : *Aujourd'hui, grand spectacle donné par le fameux*
» *Italien; les premières places à six sous, et les secondes à*
» *trois. Tout le monde entrera, en payant.* Je me retran-

» chai derrière une tapisserie, j'empruntai un violon, je
» coupai ma chemise en morceaux, j'en fis cinq marion-
» nettes que j'avais barbouillées avec de l'encre et un
» peu de mon sang ; et me voilà tour à tour à faire par-
» ler mes marionnettes, à chanter et à jouer du violon,
» derrière ma tapisserie.

» J'avais préludé en donnant à mon violon un son ex-
» traordinaire. Le spectateur accourut, la salle fut pleine ;
» l'odeur de la cuisine, qui n'était pas éloignée, me
» donna de nouvelles forces ; la faim, qui jadis inspira
» Horace, sut inspirer ton père. Pendant une semaine
» entière je donnai deux représentations par jour, et sur
» l'affiche point de *relâche*. Je sortis de la taverne avec
» une casaque, trois chemises, des souliers et des bas, et
» assez d'argent pour gagner la frontière. Un petit en-
» rouement, occasionné par la pendaison, avait disparu
» totalement ; de sorte que l'étranger admira ma voix
» sonore. Tu vois que j'étais illustre à vingt ans, et que
» j'avais un état. Tu en as vingt-deux, tu as une chemise
» neuve sur le corps, voilà douze francs ; sors de chez
» moi.

» Ainsi me congédia mon père. Vous avouerez qu'il y
» avait plus loin de sortir de là que de faire *Dardanus*,
» ou *Castor et Pollux*. Depuis ce temps-là, je vois tous
» les hommes coupant leurs chemises selon leur génie,
» et jouant des marionnettes en public ; le tout pour
» remplir leur bouche. La mastication, selon moi, est le
» vrai résultat des choses les plus rares de ce monde. »

» Ce neveu de Rameau, le jour de ses noces, avait loué

toutes les vielleuses de Paris à un écu par tête, et il s'avança ainsi au milieu d'elles, tenant son épouse sous le bras : « Vous êtes la vertu, disait-il ; mais j'ai voulu » qu'elle fût relevée encore par les ombres qui vous en-» vironnent. »

NOTE DE CAZOTTE

—

» La *Nouvelle Raméide* (est) une plaisanterie faite par moi à l'homme le plus plaisant par nature que j'aie connu. Il s'appelait Rameau et était neveu du célèbre musicien ; il avait été mon camarade au collège et avait pris pour moi une amitié qui ne s'est jamais démentie, ni de sa part, ni de la mienne. Ce personnage, l'homme le plus extraordinaire que j'aie connu, était né avec un talent naturel dans plus d'un genre, que le défaut d'assiette de son esprit ne lui permit jamais de cultiver. Je ne puis comparer son genre de plaisanterie qu'à celui que déploie le docteur Sterne dans son *Voyage sentimental*. Les saillies de Rameau étaient des saillies d'instinct,

d'un genre si piquant, qu'il est nécessaire de les peindre pour pouvoir essayer de les rendre. Ce n'étaient
point des bons mots, c'étaient des traits qui semblaient
partir de la plus profonde connaissance du cœur humain. Sa physionomie, qui était vraiment burlesque,
ajoutait un piquant extraordinaire à ses saillies, d'autant
moins attendues de sa part, que d'habitude il ne faisait
que déraisonner. Ce personnage, qui fut musicien autant
et peut-être plus que son oncle, ne put jamais pénétrer
dans les profondeurs de l'art. Mais il était né plein de
chant et avait l'étrange faculté d'en trouver impromptu
de l'agréable et de l'expressif sur quelques paroles qu'on
voulût lui donner. Mais il eût fallu qu'un véritable artiste eût arrangé et corrigé ses phrases et composé ses
partitions. Il était de figure aussi horriblement que plai-
samment laid; très-souvent ennuyeux, parce que son
génie l'inspirait rarement; mais, quand sa verve le ser-
vait, il faisait rire aux larmes. Il vécut pauvre, ne pou-
vant suivre aucune profession; sa pauvreté lui faisait
honneur dans mon esprit. Il n'était pas né absolument
sans fortune, mais il eût fallu dépouiller son père du
bien de sa mère et il se refusa à l'idée de réduire à la
misère l'auteur de ses jours, qui s'était remarié et avait
des enfants. Il a donné en plusieurs autres occasions des
preuves de la bonté de son cœur. Cet homme singulier
vécut passionné pour la gloire, qu'il ne pouvait acquérir
dans aucun genre. Un jour il imagina de se faire poëte,
pour essayer d'une nouvelle façon de faire parler de lui.
Il composa un poëme sur lui-même, qu'il intitula la *Ra-*

méide, et qu'il distribua dans tous les cafés; mais personne ne l'alla chercher chez l'imprimeur. Je lui fis l'espièglerie de composer une *Seconde Raméide...* Le libraire la vendit à son profit, et Rameau ne trouva pas mauvais que j'eusse plaisanté de lui, parce qu'il se trouva assez bien peint. Il est mort aimé de quelques-uns de ceux qui l'ont connu, dans une maison religieuse, où sa famille l'avait placé, après quatre ans d'une retraite qu'il avait prise en gré et ayant gagné les cœurs de ceux qui d'abord avaient été ses geôliers. Je fais ici avec plaisir sa petite oraison funèbre, parce que je tiens encore à l'idée qu'il m'a laissée de lui... »

LE
NEVEU DE RAMEAU

Vertumnis, quotquot sunt, natus iniquis.
HOR., *Serm.*, II, 7.

Qu'il fasse beau, qu'il fasse laid, c'est mon
habitude d'aller, sur les cinq heures du soir, me
promener au Palais-Royal. C'est moi qu'on voit
toujours seul, rêvant sur le banc d'Argenson.
Je m'entretiens avec moi-même de politique,
d'amour, de goût ou de philosophie ; j'abandonne
mon esprit à tout son libertinage ; je le laisse
maître de suivre la première idée sage ou folle
qui se présente, comme on voit, dans l'allée de
Foy, nos jeunes dissolus marcher sur les pas
d'une courtisane à l'air éventé, au visage riant, à
l'œil vif, au nez retroussé ; quitter celle-ci pour
une autre, les attaquant toutes et ne s'attachant

à aucune. Mes pensées, ce sont mes *catins*. Si le temps est trop froid ou trop pluvieux, je me réfugie au café de la *Régence*. Là je m'amuse à voir jouer au échecs. Paris est l'endroit du monde, et le café de la *Régence* est l'endroit de Paris où l'on joue le mieux ce jeu; c'est là que font assaut *Légal* le profond, *Philidor* le subtil, le solide *Mayot*; qu'on voit les coups les plus surprenants et qu'on entend les plus mauvais propos; car si l'on peut être homme d'esprit et grand joueur d'échecs, comme *Légal*, on peut être aussi un grand joueur d'échecs et un sot comme *Foubert* et *Mayot*. Un après-dîner, j'étais là, regardant beaucoup, parlant peu et écoutant le moins que je pouvais, lorsque je fus abordé par un des plus bizarres personnages de ce pays, où Dieu n'en a pas laissé manquer. C'est un composé de hauteur et de bassesse, de bon sens et de déraison; il faut que les notions de l'honnête et du déshonnête soient bien étrangement brouillées dans sa tête; car il montre ce que la nature lui a donné de bonnes qualités sans ostentation, et ce qu'il en a reçu de mauvaises sans pudeur. Au reste, il est doué d'une organisation forte, d'une chaleur d'imagination singulière, et d'une vigueur de

poumons peu commune. Si vous le rencontrez
jamais et que son originalité ne vous arrête pas,
ou vous mettrez vos doigts dans vos oreilles, ou
vous vous enfuirez. Dieux, quels terribles poumons ! Rien ne dissemble plus de lui que lui-
même. Quelquefois il est maigre et hâve comme
un malade au dernier degré de la consomption ;
on compterait ses dents à travers ses joues, on
dirait qu'il a passé plusieurs années sans manger,
ou qu'il sort de la Trappe. Le mois suivant, il
est gras et replet comme s'il n'avait pas quitté la
table d'un financier, ou qu'il eût été renfermé
dans un couvent de Bernardins. Aujourd'hui en
linge sale, en culotte déchirée, couvert de lam-
beaux, presque sans souliers, il va la tête basse,
il se dérobe ; on serait tenté de l'appeler pour
lui donner l'aumône. Demain poudré, chaussé,
frisé, bien vêtu, il marche la tête haute, il se
montre, et vous le prendriez à peu près pour un
honnête homme : il vit au jour la journée, triste
ou gai, selon les circonstances. Son premier soin
le matin, quand il est levé, est de savoir où il
dînera ; après dîner, il pense où il ira souper.
La nuit amène aussi son inquiétude : ou il rega-
gne à pied un petit grenier qu'il habite, à moins

que l'hôtesse, ennuyée d'attendre son loyer, ne
lui en ait redemandé la clef; ou il se rabat dans
une taverne du faubourg, où il attend le jour
entre un morceau de pain et un pot à bière.
Quand il n'a pas six sous dans sa poche, ce qui
lui arrive quelquefois, il a recours, soit à un fiacre
de ses amis, soit au cocher d'un grand seigneur,
qui lui donne un lit sur de la paille, à côté de
ses chevaux. Le matin, il a encore une partie de
son matelas dans ses cheveux. Si la saison est
douce, il arpente toute la nuit le Cours [1] ou les
Champs-Élysées. Il reparaît avec le jour à la
ville, habillé de la veille pour le lendemain, et du
lendemain quelquefois pour le reste de la semaine.
Je n'estime pas ces originaux-là; d'autres en font
leurs connaissances familières, même leurs amis.
Ils m'arrêtent une fois l'an, quand je les rencontre, parce que leur caractère tranche avec celui
des autres, et qu'ils rompent cette fastidieuse uni-
formité que notre éducation, nos conventions de
société, nos bienséances d'usage, ont introduite.
S'il en paraît un dans une compagnie, c'est un
grain de levain qui fermente, et qui restitue à

---

[1] Le Cours-la-Reine.

chacun une portion de son individualité naturelle.
Il secoue, il agite, il fait approuver ou blâmer;
il fait sortir la vérité, il fait connaître les gens de
bien, il démasque les coquins; c'est alors que
l'homme de bon sens écoute, et démêle son
monde.

Je connaissais celui-ci de longue main. Il fré-
quentait dans une maison dont son talent lui avait
ouvert la porte. Il y avait une fille unique; il ju-
rait au père et à la mère qu'il épouserait leur
fille. Ceux-ci haussaient les épaules, lui riaient
au nez, lui disaient qu'il était fou; et je vis le
moment que la chose était faite. Il m'emprun-
tait quelques écus, que je lui donnais. Il s'était introduit, je ne sais comment, dans quelques maisons honnêtes, où il avait son couvert, mais à la
condition qu'il ne parlerait pas sans en avoir obtenu
la permission. Il se taisait, et mangeait de rage;
il était excellent à voir dans cette contrainte. S'il
lui prenait envie de manquer au traité, et qu'il
ouvrît la bouche, au premier mot tous les con-
vives s'écriaient : *Rameau!* alors la fureur étin-
celait dans ses yeux, et il se remettait à manger
avec plus de rage. Vous étiez curieux de savoir
le nom de l'homme, et vous le saviez. C'est *Ra-*

meau, élève du célèbre qui nous a délivrés du plain-chant que nous psalmodions depuis plus de cent ans ; qui a tant écrit de visions inintelligibles et de vérités apocalyptiques sur la théorie de la musique, où ni lui ni personne n'entendit jamais rien, et de qui nous avons un certain nombre d'opéras où il y a de l'harmonie, des bouts de chants, des idées décousues, du fracas, des vols, des triomphes, des lances, des gloires, des murmures, des victoires à perdre haleine, des airs de danse qui dureront éternellement, et qui, après avoir enterré le *Florentin,* sera enterré par les virtuoses italiens, ce qu'il pressentait et le rendait sombre, triste, hargneux ; car personne n'a autant d'humeur, pas même une jolie femme qui se lève avec bouton sur le nez, qu'un auteur menacé de survivre à sa réputation, témoin *Marivaux* et *Crébillon le fils.*

Il m'aborde. « Ah ! ah ! vous voilà, monsieur le philosophe ! Et que faites-vous ici parmi ce tas de fainéants ? Est-ce que vous perdez aussi votre temps à pousser le bois ?... » (C'est ainsi qu'on appelle par mépris jouer aux échecs ou aux dames.)

MOI. —Non ; mais quand je n'ai rien de mieux

à faire, je m'amuse à regarder un instant ceux qui le poussent bien.

LUI. —En ce cas, vous vous amusez rarement : excepté *Légal* et *Philidor*, le reste n'y entend rien.

MOI. — Et monsieur de *Bussy* donc?

LUI. — Celui-là est un joueur d'échecs ce que mademoiselle Clairon est en actrice : ils savent de ces jeux l'un et l'autre tout ce qu'on en peut apprendre.

MOI. — Vous êtes difficile, et je vois que vous ne faites grâce qu'aux hommes sublimes.

LUI. —Oui, aux échecs, aux dames, en poésie, en éloquence, en musique, et autres fadaises comme cela. A quoi bon la médiocrité dans ces genres?

MOI. — A peu de choses, j'en conviens. Mais c'est qu'il faut qu'il y ait un grand nombre d'hommes qui s'y appliquent, pour faire sortir l'homme de génie : il en est un dans la multitude. Mais laissons cela. Il y a une éternité que je ne vous ai vu. Je ne pense guère à vous quand je ne vous vois pas, mais vous me plaisez toujours à revoir. Qu'avez-vous fait?

LUI. — Ce que vous, moi et tous les autres

font : du bien, du mal, et rien. Et puis j'ai eu faim, et j'ai mangé quand l'occasion s'en est présentée ; après avoir mangé, j'ai eu soif, et j'ai bu quelquefois. Cependant la barbe me venait, et quand elle a été venue je l'ai fait raser.

MOI. — Vous avez mal fait ; c'est la seule chose qui vous manque pour être sage.

LUI. — Oui-da. J'ai le front grand et ridé, l'œil ardent, le nez saillant, les joues larges, le sourcil noir et fourni, la bouche bien fendue, la lèvre rebordée, et la face carrée. Si ce vaste menton était couvert d'une longue barbe, savez-vous que cela figurerait très-bien en bronze ou en marbre ?

MOI. — A côté d'un César, d'un Marc-Aurèle, d'un Socrate.

LUI. — Non. Je serais mieux entre Diogène, *Laïs* et Phryné. Je suis effronté comme l'un, et je fréquente volontiers chez les autres.

MOI. — Vous portez-vous toujours bien ?

LUI. — Oui, ordinairement, mais pas merveilleusement aujourd'hui.

MOI. — Comment ! vous voilà avec un ventre de Silène et un visage de...

LUI. — Un visage qu'on prendrait pour un

c... C'est que l'humeur qui fait sécher mon cher maître engraisse apparemment son cher... élève.

MOI. — A propos de ce *cher maître*, le voyez-vous quelque fois?

LUI. — Oui, passer dans la rue.

MOI. — Est-ce qu'il ne vous fait aucun bien ?

LUI. — S'il en fait à quelqu'un, c'est sans douter. C'est un philosophe dans son espèce; il ne pense qu'à lui, le reste de l'univers lui est comme d'un clou à un soufflet. Sa fille et sa femme n'ont qu'à mourir quand elles voudront ; pourvu que les cloches de la paroisse qui sonneront pour elles continuent de résonner la *douzième* et la *dix-septième*, tout sera bien. Cela est heureux pour lui, et c'est ce que je prise particuliérement dans les gens de génie. Ils ne sont bons qu'à une chose ; passé cela, rien ; ils ne savent ce que c'est que d'être citoyens, pères, mères, parents, amis, Entre nous, il faut leur ressembler de tout point, mais ne pas désirer que la graine en soit commune. Il faut des hommes ; mais pour des hommes de génie, point ; non ma foi, il n'en faut point. Ce sont eux qui changent la face du globe ; et dans les plus petites choses la sottise est si commune et si puissante, qu'on

ne la réforme pas sans charivari. Il s'établit partie de ce qu'ils ont imaginé, partie reste comme
il était; de là deux évangiles, un habit d'arlequin.
La sagesse du moine de Rabelais est la vraie sagesse pour son repos et pour celui des autres.
Faire son devoir tellement quellement, toujours
dire du bien de monsieur le *prieur*, et laisser aller le monde à sa fantaisie. Il va bien, puisque
la multitude en est contente. Si je savais l'histoire, je vous montrerais que le mal est toujours
venu ici-bas par quelques hommes de génie;
mais je ne sais pas l'histoire, parce que je ne sais
rien. Le diable m'emporte si j'ai jamais rien appris, et si, pour n'avoir rien appris, je m'en
trouve plus mal. J'étais un jour à la table d'un
ministre du roi de****, qui a de l'esprit comme
quatre : eh bien ! il nous démontra, clair comme
un et un font deux, que rien n'est plus utile
aux peuples que le mensonge, rien de plus nuisible que la vérité. Je ne me rappelle pas bien
ses preuves ; mais il s'ensuivait évidemment que
les gens de génie sont détestables, et que si un
enfant apportait en naissant, sur son front, la ca-
ractéristique de ce dangereux présent de la nature,
il faudrait ou l'étouffer, ou le jeter aux canards.

MOI. — Cependant ces personnages-là, si ennemis du génie, prétendent tous en avoir.

LUI. — Je crois bien qu'ils le pensent au-dedans d'eux-mêmes, mais je ne crois pas qu'ils osassent l'avouer.

MOI. — C'est par modestie. Vous conçûtes donc là une terrible haine contre le génie?

LUI. — A n'en jamais revenir.

MOI. — Mais j'ai vu un temps que vous vous désespériez de n'être qu'un homme commun. Vous ne serez jamais heureux si le pour et le contre vous affligent également; il faudrait prendre son parti, et y demeurer attaché. Tout en convenant avec vous que les hommes de génie sont communément singuliers, ou, comme dit le proverbe, qu'*il n'y a pas de grands esprits sans un grain de folie*, on n'en reviendra pas; on méprisera les siècles qui n'en auront point produit. Ils feront l'honneur des peuples chez lesquels ils auront existé; tôt ou tard on leur élève des statues, et on les regarde comme les bienfaiteurs du genre humain. N'en déplaise à ce ministre sublime que vous m'avez cité, je crois que, si le mensonge peut servir un moment, il est nécessairement nuisible à la longue; et qu'au contraire la vérité sert nécessairement à la longue, bien qu'il puisse arriver qu'elle nuise dans le moment. D'où je serais tenté de conclure que l'homme de génie qui décrie une erreur générale, ou qui accrédite un grande vérité, est toujours un être digne de notre vénération. Il peut arriver que cet être soit la victime du préjugé et des lois; mais il y a deux sortes de lois: les unes d'une équité, d'une généralité absolues; d'autres bizarres, qui ne doivent leur sanction qu'à l'aveuglement ou à la nécessité des circonstances. Celles-ci ne couvrent le coupable qui les enfreint que d'une ignominie passagère, ignominie que le temps reverse sur les juges et sur les nations, pour y rester à jamais. De Socrate ou du magistrat qui lui fit boire la ciguë, quel est aujourd'hui le déshonoré?

LUI. — Le voilà bien avancé! En a-t-il été moins condamné? en a-t-il moins été mis à mort? en a-t-il moins été un citoyen turbulent? par le mépris d'une mauvaise loi, en a-t-il moins encouragé les fous au mépris des bonnes? en a-t-il moins été un particulier audacieux et bizarre? Vous n'étiez pas éloigné tout à l'heure d'un aveu peu favorable aux hommes de génie.

MOI. — Écoutez-moi, cher homme. Une société ne devrait pas avoir de mauvaises lois ; et si elle n'en avait que de bonnes, elle ne serait jamais dans le cas de persécuter un homme de génie. Je ne vous ai pas dit que le génie fût indivisiblement attaché à la méchanceté, ni la méchanceté au génie. Un sot sera plus souvent méchant qu'un homme d'esprit. Quand un homme de génie serait communément d'un commerce dur, difficile, épineux, insupportable ; quand même ce serait un méchant, qu'en concluriez-vous ?

LUI. — Qu'il est bon à noyer.

MOI. — Doucement, cher homme ! Çà, dites-moi, je ne prendrai pas votre *oncle Rameau* pour exemple. C'est un homme dur, c'est un brutal ; il est sans humanité, il est avare, il est mauvais père, mauvais époux, mauvais *oncle* ; mais il n'est pas décidé que ce soit un homme de génie, qu'il ait poussé son art fort loin, et qu'il soit question de ses ouvrages dans dix ans. Mais Racine ? celui-là certes avait du génie, et ne passait pas pour un trop bon homme. Mais Voltaire ?...

LUI. — Ne me pressez pas, car je suis conséquent.

MOI. — Lequel des deux préféreriez-vous: ou qu'il eût été un bon homme, identifié avec son comptoir comme *Briasson*, ou avec son aune comme *Barbier*, faisant régulièrement tous les ans un enfant légitime à sa femme, bon mari, bon père, bon oncle..., bon voisin, honnête commerçant, mais rien de plus ; ou qu'il eût été fourbe, traître, ambitieux, envieux, méchant mais auteur d'*Andromaque*, de *Britannicus*, d'*Iphigénie*, de *Phèdre*, d'*Athalie ?*

LUI. — Pour lui, ma foi, peut-être que de ces deux hommes il eût mieux valu qu'il eût été le premier.

MOI. — Cela est même infiniment plus vrai que vous ne le sentez.

LUI. — Oh ! vous voilà vous autres ! Si nous disons quelque chose de bien, c'est comme des fous ou des inspirés, par hasard. Il n'y a que vous autres qui vous entendiez. Oui, monsieur le philosophe, je m'entends aussi bien que vous vous entendez.

MOI. — Voyons. Eh bien ! pourquoi lui ?

LUI. — C'est que toutes ces belles choses-là qu'il a faites ne lui ont pas rendu vingt mille francs, et que s'il eût été un bon marchand en

soie de la rue Saint-Denis ou Saint-Honoré, un
bon épicier en gros, un apothicaire bien acha-
landé, il eût amassé une fortune immense, et
qu'en l'amassant il n'y aurait eu sorte de plaisirs
dont il n'eût joui ; qu'il aurait donné de temps
en temps la pistole à un pauvre diable de bouffon comme moi qui l'aurait fait rire, et qui lui
aurait procuré *parfois de jolies filles* ; que nous
aurions fait d'excellents repas chez lui, joué gros
jeu, bu d'excellents vins, d'excellentes liqueurs,
d'excellent café, fait des parties de campagne ; et
vous voyez que je m'entendais. Vous riez?... mais
laissez-moi dire : il eût été mieux pour ses entours.

MOI. — Sans contredit. Pourvu qu'il n'eût pas
employé d'une façon déshonnête l'opulence qu'il
aurait acquise par un commerce légitime ; qu'il
eût éloigné de sa maison tous ces joueurs, tous
ces parasites, tous ces fades complaisants, tous
ces fainéants, tous ces pervers inutiles, et qu'il
eût fait assommer à coups de bâton, par ses
garçons de boutique, l'homme officieux qui sou-
lage par la variété les maris du dégoût d'une
cohabitation habituelle avec leurs femmes.

LUI. — Assommer, monsieur, asssommer !

on n'assomme personne dans une ville bien po-
licée. C'est un état honnête ; beaucoup de gens,
même titrés, s'en mêlent. Et à quoi diable voulez-vous donc qu'on emploie son argent, si ce
n'est à avoir bonne table, bonne compagnie,
bons vins, belles femmes, plaisirs de toutes les
couleurs, amusements de toutes les espèces ?
J'aimerais autant être gueux que de posséder
une grande fortune sans aucune de ces jouissances. Mais revenons à Racine. Cet homme n'a
été bon que pour des inconnus, et que pour le
temps où il n'était plus.

MOI. — D'accord ; mais pesez le mal et le
bien. Dans mille ans d'ici, il fera verser des
larmes ; il sera l'admiration des hommes dans
toutes les contrées de la terre ; il inspirera l'humanité, la commisération, la tendresse. On demandera qui il était, de quel pays ; et on l'en-
viera à la France. Il a fait souffrir quelques
êtres qui ne sont plus, auxquels nous ne pre-
nons presque aucun intérêt ; nous n'avons rien
à redouter ni de ses vices, ni de ses défauts. Il
eût été mieux sans doute qu'il eût reçu de la
nature la vertu d'un homme de bien, avec les
talents d'un grand homme. C'est un arbre qui a

fait sécher quelques arbres plantés dans son voisinage, qui a étouffé les plantes qui croissaient à ses pieds ; mais il a porté sa cime jusque dans la nue, ses branches se sont étendues au loin ; il a prêté son ombre à ceux qui venaient, qui viennent et qui viendront se reposer autour de son tronc majestueux ; il a produit des fruits d'un goût exquis, et qui se renouvellent sans cesse. Il serait à souhaiter que *Voltaire* eût encore la douceur de *Duclos*, l'ingénuité de l'abbé *Trublet*, la droiture de l'abbé d'*Olivet* : mais puisque cela ne se peut, regardons la chose du côté vraiment intéressant ; oublions pour un moment le point que nous occupons dans l'espace et dans la durée, et étendons notre vue sur les siècles à venir, les régions les plus éloignées, et les peuples à naître. Songeons au bien de notre espèce ; si nous ne sommes point assez généreux, pardonnons au moins à la nature d'avoir été plus sage que nous. Si vous jetez de l'eau froide sur la tête de *Greuze*, vous éteindrez peut-être son talent avec sa vanité. Si vous rendez *Voltaire* moins sensible à la critique, il ne saura plus descendre dans l'âme de Mérope, il ne vous touchera plus.

LUI. — Mais si la nature était aussi puissante que sage, pourquoi ne les a-t-elle pas faits aussi bons qu'elle les a faits grands ?

MOI. — Mais ne voyez-vous pas qu'avec un pareil raisonnement vous renversez l'ordre général ? et que si tout ici-bas était excellent, il n'y aurait rien d'excellent ?

LUI. — Vous avez raison ; le point important est que vous et moi nous soyons, et que nous soyons vous et moi : que tout aille d'ailleurs comme il pourra. Le meilleur ordre des choses, à mon avis, est celui où je devais être ; et foin du plus parfait des mondes, si je n'en suis pas ! J'aime mieux être, et même être impertinent raisonneur, que de n'être pas.

MOI. — Il n'y a personne qui ne pense comme vous, et qui ne fasse le procès à l'ordre qui est, sans s'apercevoir qu'il renonce à sa propre existence.

LUI. — Il est vrai.

MOI. — Acceptons donc les choses comme elles sont. Voyons ce qu'elles nous coûtent et ce qu'elles nous rendent, et laissons là le tout, que nous ne connaissons pas assez pour le louer ou le blâmer, et qui n'est peut-être ni bien ni mal, s'il est nécessaire, comme beaucoup d'honnêtes gens l'imaginent.

LUI. — Je n'entends pas grand'chose à tout ce que vous me débitez là. C'est apparemment de la philosophie ; je vous préviens que je ne m'en mêle pas. Tout ce que je sais, c'est que je voudrais bien être un autre, au hasard d'être un homme de génie, un grand homme ; oui, il faut que j'en convienne, il y a là quelque chose qui me le dit. Je n'en ai jamais entendu louer un seul, que son éloge ne m'ait fait enrager secrètement. Je suis envieux. Lorsque j'apprends de leur vie privée quelque trait qui les dégrade, je l'écoute avec plaisir ; cela nous rapproche, j'en supporte plus aisément ma médiocrité. Je me dis : Certes, tu n'aurais jamais fait *Mahomet*, ni l'éloge de *Maupeou*. J'ai donc été, je suis donc fâché d'être médiocre. Oui, oui, je suis médiocre et fâché. Je n'ai jamais entendu jouer l'ouverture des *Indes galantes*, jamais entendu chanter *Profonds abîmes du Ténare ; Nuit, éternelle nuit*, sans me dire avec douleur : Voilà ce que tu ne feras jamais. J'étais donc jaloux de mon *oncle* ; et s'il y avait eu à sa mort quelques belles pièces de clavecin dans son portefeuille, je n'aurais pas balancé à rester moi et à être lui.

MOI. — S'il n'y a que cela qui vous chagrine, cela n'en vaut pas trop la peine.

LUI. — Ce n'est rien, ce sont des moments qui passent. (Puis il se remettait à chanter l'ouverture des *Indes galantes* et l'air *Profonds abîmes*, et il ajoutait :)

Le quelque chose qui est là et qui me parle me dit : *Rameau*, tu voudrais bien avoir fait ces deux morceaux-là ; si tu avais fait ces deux morceaux-là, tu en ferais bien deux autres ; et quand tu en aurais fait un certain nombre, on te jouerait, on te chanterait partout. Quand tu marcherais, tu aurais la tête droite ; ta conscience te rendrait témoignage à toi-même de ton propre mérite ; les autres te désigneraient du doigt ; on dirait : C'est lui qui a fait les jolies gavottes (et il chantait les gavottes). Puis, avec l'air d'un homme touché qui nage dans la joie et qui en a les yeux humides, il ajoutait, en se frottant les mains : Tu auras une bonne maison (il en mesurait l'étendue avec ses bras), un bon lit (et il s'y étendait nonchalamment), de bons vins (qu'il goûtait en faisant claquer sa langue contre son palais),

un bon équipage et il levait le pied pour y mon-
ter), de jolies femmes (à qui il prenait déjà*****,
et qu'il regardait voluptueusement); cent faquins
me viendront encenser tous les jours (et il
croyait les voir autour de lui : il voyait *Palissot*,
Poinsinet, les *Fréron* père et fils, *la Porte*; il
les entendait, il se rengorgeait, les approuvait,
leur souriait, les dédaignait, les méprisait, les
chassait, les rappelait ; puis il continuait :) Et
c'est ainsi que l'on te dirait le matin que tu es
un grand homme; tu lirais dans l'*Histoire des
trois siècles* [1] que tu es un grand homme, tu
serais convaincu le soir que tu es un grand homme,
et le grand homme *Rameau* s'endormirait au doux
murmure de l'éloge qui retentirait dans son
oreille ; même en dormant, il aurait l'air satis-
fait : sa poitrine se dilaterait, s'élèverait, s'abais-
serait avec aisance; il ronflerait comme un grand
homme..... (Et, en parlant ainsi, il se laissait
aller mollement sur une banquette; il fermait
es yeux, et il imitait le sommeil heureux qu'il
imaginait. Après avoir goûté quelques instants

---

[1] *Les trois siècles de la littérature française*, ouvrage
critique de l'abbé Sabatier de Castres 1779, 3 v. in-8.

la douceur de ce repos, il se réveillait, étendait
les bras, bâillait, se frottait les yeux, et cherchait encore autour de lui ses adulateurs insi-
pides.)

MOI. — Vous croyez donc que l'homme heureux a son sommeil?

LUI. — Si je le crois ! Moi, pauvre hère, lorsque le soir j'ai regagné mon grenier et que je
suis fourré dans mon grabat, je suis ratatiné
sous ma couverture, j'ai la poitrine étroite et la
respiration gênée ; c'est une espèce de plainte
faible qu'on entend à peine ; au lieu qu'un financier fait retentir son appartement, et étonne
toute sa rue. Mais ce qui m'afflige aujourd'hui,
ce n'est pas de ronfler et de dormir mesquine-
ment comme un misérable.

MOI. — Cela est pourtant triste.

LUI. — Ce qui m'est arrivé l'est bien davantage.

MOI. — Qu'est-ce donc ?

LUI. — Vous avez toujours pris quelque intérêt
à moi, parce que je suis un bon diable, que
vous méprisez dans le fond, mais qui vous
amuse.

MOI. — C'est la vérité.

LUI. — Et je vais vous le dire. (Avant que de

commencer, il pousse un profond soupir et porte ses deux mains à son front; ensuite il reprend un air tranquille, et me dit) :

— Vous savez que je suis un ignorant, un sot, un fou, un impertinent, un paresseux, ce que nos Bourguignons appellent un *fieffé truand*, un cochon, un *gourmand*.

MOI. — Quel panégyrique !

LUI. — Il est vrai de tout point, il n'y a pas un mot à rabattre ; point de contestation là-dessus, s'il vous plaît. Personne ne me connaît mieux que moi, et je ne dis pas tout.

MOI. — Je ne veux point vous fâcher, et je conviendrai de tout.

LUI. — Eh bien ! je vivais avec des gens qui m'avaient pris en gré, précisément parce que j'étais doué à un rare degré de toutes ces qualités.

MOI. — Cela est singulier : jusqu'à présent j'avais cru, ou qu'on se les cachait à soi-même, ou qu'on se les pardonnait, et qu'on les méprisait dans les autres.

LUI. — Se les cacher ! Est-ce qu'on le peut ? Soyez sûr que quand *Palissot* est seul et qu'il revient sur lui-même, il se dit bien d'autres choses; soyez sûr qu'en tête-à-tête avec son collègue, ils s'avouent franchement qu'ils ne sont que deux insignes maroufles. Les mépriser dans les autres! Mes gens étaient plus équitables, et mon caractère me réussissait merveilleusement auprès d'eux; j'étais comme un coq en pâte: on me fêtait, on ne me perdait pas un moment sans me regretter; j'étais leur petit *Rameau*, leur joli *Rameau*, leur *Rameau* le fou, l'impertinent, l'ignorant, le paresseux, le gourmand, le bouffon, la grosse bête. Il n'y avait pas une de ces épithètes qui ne me valût un sourire, une caresse, un petit coup sur l'épaule, un soufflet, un coup de pied; à table, un bon morceau qu'on me jetait sur mon assiette; hors de table, une liberté que je prenais sans conséquence, car, moi, je suis sans conséquence. On fait de moi, devant moi, avec moi, tout ce qu'on veut, sans que je m'en formalise. Et les petits présents qui me pleuvaient! Le grand chien que je suis, j'ai tout perdu! J'ai tout perdu pour avoir eu le sens commun une fois, une seule fois en ma vie. Ah! si cela m'arrive jamais!

MOI. — De quoi s'agissait-il donc?

LUI. — *Rameau! Rameau!* vous avait-on pris

pour cela? La sottise d'avoir eu un peu de goût, un peu d'esprit, un peu de raison. *Rameau*, mon ami, cela vous apprendra ce que Dieu vous fit, et ce que vos protecteurs vous voulaient. Aussi l'on vous a pris par les épaules, on vous a conduit à la porte, on vous a dit : « Faquin, tirez, ne reparaissez plus ! Cela veut avoir du sens, de la raison, je crois ! Tirez ! Nous avons de ces qualités-là de reste. » Vous vous en êtes allé en vous mordant les doigts ; c'est votre langue maudite qu'il fallait mordre auparavant. Pour ne vous en être pas avisé, vous voilà sur le pavé, sans le sou, et ne sachant où donner de la tête. Vous étiez nourri à bouche que veux-tu, et vous retournerez au regrat ; bien logé, et vous serez trop heureux si l'on vous rend votre-grenier ; bien couché, et la paille vous attend entre le cocher de M. de *Soubise* et l'ami *Robbé* [1] ; au lieu d'un sommeil doux et tranquille comme vous l'aviez, vous entendrez d'une oreille le hennissement et le piétinement des chevaux, de l'autre le

---

[1] Robbé de Beauveset, poëte médiocre et cynique, mort en 1794. Il avait fait un poëme sur la vérole, dont Piron lui disait qu'il était plein de son sujet.

bruit mille fois plus insupportable de vers secs, durs et barbares. malheureux, malavisé, possédé d'un million de diables!

MOI. — Mais n'y aurait-il pas moyen de se rapatrier? la faute que vous avez commise est-elle si impardonnable? A votre place, j'irais retrouver mes gens; vous leur êtes plus nécessaire que vous ne croyez.

LUI. — Oh! je suis sûr qu'à présent qu'ils ne m'ont pas pour les faire rire, ils s'ennuient comme des chiens.

MOI. — J'irais donc les retrouver; je ne leur laisserais pas le temps de se passer de moi, de se tourner vers quelque amusement honnête: car qui sait ce qui peut arriver?

LUI. — Ce n'est pas là ce que je crains; cela n'arrivera pas.

MOI. — Quelque sublime que vous soyez, un autre peut vous remplacer.

LUI. — Difficilement.

MOI. — D'accord. Cependant j'irais avec ce visage défait, ces yeux égarés, ce cou débraillé, ces cheveux ébouriffés, dans l'état vraiment tragique où vous voilà. Je me jetterais aux pieds de la divinité, et, sans me relever, je lui dirais;

d'une voix basse et sanglotante : « Pardon, madame ! pardon ! je suis un indigne, un infâme.
Ce fut un malheureux instant, car vous savez
que je ne suis pas sujet à avoir du sens commun, et je vous promets de n'en avoir de ma
vie. »

(Ce qu'il y a de plaisant, c'est que, tandis que
je lui tenais ce discours, il en exécutait la pantomime, et s'était prosterné ; il avait collé son
visage contre terre, il paraissait tenir entre ses
deux mains le bout d'une pantoufle, il pleurait, il
sanglotait, il disait : « Oui, ma petite reine, oui, je
le promets, je n'en aurai de ma vie, de ma vie... »
Puis se relevant brusquement, il ajouta, d'un ton
sérieux et réfléchi :)

LUI. — Oui, vous avez raison ; je vois que c'est
le mieux. Elle est bonne ; M. *Vieillard* dit qu'elle
est si bonne ! Moi je sais un peu qu'elle l'est :
mais cependant aller s'humilier devant une g*****,
crier miséricorde aux pieds d'une petite histrionne
que les sifflets du parterre ne cessent de pour-
suivre ! Moi *Rameau*, fils de *Rameau*, apothicaire
de Dijon, qui est un homme de bien, et qui n'a
jamais fléchi le genou devant qui que ce soit !
Moi *Rameau*, qu'on voit se promener, droit et

les bras en l'air, dans le Palais-Royal, depuis que
M. Carmontel l'a dessiné, courbé et les mains
sous les basques de son habit! Moi qui ai composé des pièces de clavecin que personne ne joue,
mais qui seront peut-être les seules qui passeront
à la postérité, qui les jouera; moi, moi enfin,
j'irais!... Tenez, monsieur, cela ne se peut (et
mettant sa main droite sur sa poitrine, il ajoutait) : je me sens là quelque chose qui s'élève, et
qui me dit : *Rameau*, tu n'en feras rien. Il faut
qu'il y ait une certaine dignité attachée à la nature de l'homme, que rien ne peut étouffer. Cela
se réveille à propos de bottes, oui, à propos de
bottes; car il y a d'autres jours où il ne m'en
coûterait rien pour être vil tant qu'on voudrait;
ces jours-là, pour un liard, je baiserais le c.. d'une
c.....

— MOI. Si l'expédient que je vous suggère ne
vous convient pas, ayez donc le courage d'être
gueux.

— LUI. Il est dur d'être gueux, tandis qu'il y a
tant de sots opulents aux dépens desquels on peut
vivre. Et puis le mépris de soi, il est insupportable.

MOI. — Est-ce que vous connaissez ce senti-
ment-là?

LUI. — Si je le connais ! Combien de fois je me suis dit : Comment, *Rameau*, il y a dix mille bonnes tables à Paris, à quinze ou vingt couverts chacune ; et de ces couverts-là il n'y en a pas un pour toi ! Il y a des bourses pleines d'or qui se versent de droite et de gauche, et il n'en tombe pas une pièce pour toi ! Mille petits beaux esprits sans talents, sans mérite, mille petites créatures sans charmes, mille plats intrigants sont bien vêtus, et tu irais tout nu ! et tu serais imbécile à ce point ! Est-ce que tu ne saurais pas flatter comme un autre ? est-ce que tu ne saurais pas mentir, jurer, parjurer, promettre, tenir ou manquer comme un autre ? Est-ce que tu ne saurais pas te mettre à quatre pattes comme un autre ? Est-ce que tu ne saurais pas favoriser l'intrigue de madame, et porter le billet doux de monsieur comme un autre ? Est-ce que tu ne saurais pas encourager ce jeune homme à parler à mademoiselle, et persuader mademoiselle de l'écouter, comme un autre ? Est-ce que tu ne saurais pas faire entendre à la fille d'un de nos bourgeois qu'elle est mal mise ; que de belles boucles d'oreilles, un peu de rouge, des dentelles, ou une robe à la polonaise, lui siéraient à ravir ? Que

ces petits pieds-là ne sont pas faits pour marcher
dans la rue ? Qu'il y a un beau monsieur, jeune
et riche, qui a un habit galonné d'or, un superbe
équipage, six grands laquais, qui l'a vue en passant, qui la trouve charmante, et que depuis ce
jour-là il en a perdu le boire et le manger, qu'il
n'en dort plus, et qu'il en mourra ? — Mais mon
papa? — Bon, bon, votre papa ! il s'en fàchera
d'abord un peu. — Et maman qui me recom-
mande tant d'être honnête fille ; qui me dit qu'il
n'y a rien dans ce monde que l'honneur ? —
Vieux propos qui ne signifient rien. — Et mon
confesseur ? — Vous ne le verrez plus ; ou si
vous persistez dans la fantaisie d'aller lui faire
l'histoire de vos amusements, il vous en coûtera
quelques livres de sucre et de café. — C'est un
homme sévère, qui m'a refusé l'absolution pour
la chanson, *Viens dans ma cellule.* — C'est que
vous n'aviez rien à lui donner : mais quand vous
lui apparaîtrez en dentelles... — J'aurai donc
des dentelles? — Sans doute, et de toutes les
sortes..., en belles boucles de diamants... —
J'aurai donc de belles boucles de diamants? —
Oui. — Comme celles de cette marquise qui vient
quelquefois prendre des gants dans notre bouti-

que. — Précisément... dans un bel équipage avec des chevaux gris pommelés, deux grands laquais, un petit nègre, et le coureur en avant ; du rouge, des mouches, la queue portée. — Au bal ? — Au bal, à l'Opéra, à la Comédie... (déjà le cœur lui tressaillit de joie...) — Tu joues avec un papier entre tes doigts. Qu'est-ce cela ? — Ce n'est rien. — Il me semble que si. — C'est un billet. — Et pour qui ? — Pour vous, si vous étiez un peu curieuse. — Curieuse ? je le suis beaucoup ; voyons (elle lit). Une entrevue ! cela ne se peut. — En allant à la messe. — Maman m'accompagne toujours ; mais s'il venait ici un peu matin, je me lève la première, et je suis au comptoir avant qu'on soit levé... — Il vient, il plaît ; un beau jour, à la brune, la petite disparaît, et l'on me compte mes deux mille écus... Hé quoi ! tu possèdes ce talent-là, et tu manques de pain ! N'as-tu pas de honte, malheureux ?... Je me rappelais un tas de coquins qui ne m'allaient pas à la cheville, et qui regorgeaient de richesses. J'étais en surtout de bouracan, et ils étaient couverts de velours ; ils s'appuyaient sur la canne à pomme d'or et en bec de corbin, et ils avaient l'*Aristote* ou le *Platon* au doigt. Qu'était-ce pourtant ? de misérables croque-notes; aujourd'hui ce sont des espèces de seigneurs. Alors je me sentais du courage, l'âme élevée, l'esprit subtil, et capable de tout; mais ces heureuses dispositions apparemment ne duraient pas, car, jusqu'à présent, je n'ai pu faire un certain chemin. Quoi qu'il en soit, voilà le texte de mes fréquents soliloques, que vous pouvez paraphraser à votre fantaisie, pourvu que vous en concluiez que je connais le mépris de soi-même, ou ce tourment de la conscience qui naît de l'inutilité des dons que le ciel nous a départis; c'est le plus cruel de tous. Il vaudrait presque autant que l'homme ne fût pas né.

(Je l'écoutais; et, à mesure qu'il faisait la scène de la jeune fille qu'il séduisait, l'âme agitée de deux mouvements opposés, je ne savais si je m'abandonnerais à l'envie de rire, ou au transport de l'indignation. Je souffrais; vingt fois un éclat de rire empêcha ma colère d'éclater, vingt fois la colère qui s'élevait au fond de mon cœur se termina par un éclat de rire. J'étais confondu de tant de sagacité et de tant de bassesse, d'idées si justes et alternativement si fausses, d'une perversité si générale de sentiments, d'une turpitude si complète, et d'une franchise si peu commune.

Il s'aperçut du conflit qui se passait en moi :)
— Qu'avez-vous? me dit-il.

MOI. — Rien.

LUI. — Vous me paraissez troublé!

MOI. — Je le suis aussi.

LUI. — Mais enfin que me conseillez-vous?

MOI. — De changer de propos. Ah! malheureux, dans quel état d'abjection vous êtes tombé!

LUI. — J'en conviens. Mais cependant que mon état ne vous touche pas trop; mon projet, en m'ouvrant à vous, n'était point de vous affliger. Je me suis fait chez ces gens quelques épargnes; songez que je n'avais besoin de rien, mais de rien absolument, et que l'on m'accordait tant pour mes menus plaisirs [1].

---

[1] Toutes les éditions parlent en note après ce passage que *le lieu de la scène est changé et que l'on doit supposer que les interlocuteurs sont entrés dans un café où il y a un clavecin.* Gœthe et le traducteur de sa traduction ne parlent pas du clavecin et indiquent seulement que Diderot et son compagnon sont entrés *dans une maison proche du Palais-Royal.* Nous avons cherché à nous rendre compte de ce changement de scène, qui ne nous a paru nullement motivé. Qu'il y ait une lacune, un *blanc* dans les manuscrits à cet endroit, cela est possible; mais il est bien certain, et par mille preuves, que du commencement de la conversation jusqu'à la fin les interlocu-

(Il recommença à se frapper le front avec un de ses poings, à se mordre la lèvre, et rouler au plafond ses yeux égarés, ajoutant) : — Mais c'est une affaire faite. J'ai mis quelque chose de côté; le temps s'est écoulé, et c'est toujours autant d'amassé.

MOI. — Vous voulez dire de perdu?

LUI. — Non, non, d'amassé. On s'enrichit à chaque instant : un jour de moins à vivre, ou un écu de plus, c'est tout un; le point important est d'aller librement *à la garde-robe*. Voilà le grand résultat de la vie dans tous les états. Au dernier moment tous sont également riches; et Samuel Bernard, qui, *volant, pillant, faisant banqueroute*, laisse vingt-sept millions en or, et *Rameau* qui ne laisse rien, et à qui la charité fournira la

---

teurs n'ont point quitté le Café de la Régence, ni même la salle de jeu où ils se sont rencontrés à la seconde page. Quant à la circonstance aggravante du clavecin, elle ne peut s'expliquer que par une erreur de lecture qui aura fait croire à l'éditeur que Rameau se mettait réellement au clavecin, quand Diderot nous dit, quelques lignes plus bas: *Le voilà donc assis*, etc. Il est évident que Rameau mime son morceau de clavecin comme il a déjà mimé son air de violon. Nous croyons donc que cette indication immotivée, et d'ailleurs incertaine, peut et doit être supprimée.

serpillière dont on l'enveloppera. Le mort n'entend pas sonner les cloches : c'est en vain que cent prêtres s'égosillent pour lui, qu'il est précédé et suivi d'une longue file de torches ardentes ; son âme ne marche pas à côté du maître des cérémonies. Pourrir sous du marbre ou pourrir sous la terre, c'est toujours pourrir. Avoir autour de son cercueil les enfants rouges et les enfants bleus, ou n'avoir personne, qu'est-ce que cela fait? Et puis vous voyez bien ce poignet, il était roide comme un diable ; les dix doigts c'étaient autant de bâtons fichés dans un métacarpe de bois, et ces tendons c'étaient de vieilles cordes à boyau, plus sèches, plus roides, plus inflexibles que celles qui ont servi à la roue d'un tourneur ; mais je vous les ai tant tourmentées, tant brisées, tant rompues ! Tu ne veux pas aller ? et moi, mordieu ! je dis que tu iras, et cela sera...

(Et tout en disant cela, de la main droite il s'était saisi les doigts et le poignet de la main gauche, et il les renversait en dessus, en dessous ; l'extrémité des doigts touchait au bras, les jointures en craquaient ; je craignais que les os n'en demeurassent disloqués.)

MOI. — Prenez garde, lui dis-je; vous allez vous estropier.

LUI. — Ne craignez rien, ils y sont faits : depuis dix ans je leur en ai bien donné d'une autre façon ! Malgré qu'ils en eussent, il a bien bien fallu qu'ils s'y accoutumassent, et qu'ils apprissent à se placer sur les touches et à voltiger sur les cordes : aussi à présent cela va, oui, cela va...

(En même temps il se met dans l'attitude d'un joueur de violon; il fredonne de la voix un *allegro* de Locatelli, son bras droit imite le mouvement de l'archet, sa main gauche et ses doigts semblent se promener sur la longueur du manche : s'il fait un faux ton, il s'arrête, il remonte ou baisse la corde; il la pince de l'ongle, pour s'assurer si elle est juste; il reprend le morceau où il l'a laissé. Il bat la mesure du pied, il se démène de la tête, des pieds, des mains, des bras, du corps, comme vous avez vu quelquefois, au concert spirituel, Ferrari ou Chiabran ou quelque autre virtuose dans les mêmes convulsions, m'offrant l'image du même supplice, et me causant à peu près la même peine; car n'est-ce pas une chose pénible à voir que le tourment dans celui

qui s'occupe à me peindre le plaisir? Tirez entre
cet homme et moi un rideau qui me le cache,
s'il faut qu'il me montre un patient appliqué à la
question. Au milieu de ces agitations et de ces
cris, s'il se présentait une ténue, un de ces endroits harmonieux où l'archet se meut lentement
sur plusieurs cordes à la fois, son visage prenait
l'air de l'extase, sa voix s'adoucissait, il s'écoutait avec ravissement; il est sûr que les accords
résonnaient dans ses oreilles et dans les miennes; puis remettant son instrument sous son
bras gauche de la même main dont il le tenait,
et laissant tomber sa main droite avec son archet): Eh bien! me disait-il, qu'en pensez-
vous?

MOI. — A merveille!

LUI. — Cela va, ce me semble; cela résonne
à peu près comme les autres...

(Et aussitôt il s'accroupit comme un musicien
qui se met au clavecin.)

MOI. — Je vous demande grâce pour vous et
pour moi.

LUI. — Non, non; puisque je vous tiens, vous
m'entendrez. Je ne veux point d'un suffrage
qu'on m'accorde sans savoir pourquoi. Vous me

louerez d'un ton plus assuré, et cela me vaudra quelque écolier.

MOI. — Je suis si peu répandu ! et vous allez vous fatiguer en pure perte.

LUI. — Je ne me fatigue jamais.

(Comme je vis que je voudrais inutilement avoir pitié de mon homme, car la sonate sur le violon l'avait mis tout en eau, je pris le parti de le laisser faire. Le voilà donc assis au clavecin, les jambes fléchies, la tête élevée vers le plafond, où l'on eût dit qu'il voyait une partition notée, chantant, préludant, exécutant une pièce d'*Alberti* ou de *Galuppi*; je ne sais lequel des deux. Sa voix allait comme le vent, et ses doigts voltigeaient sur les touches, tantôt laissant le dessus pour prendre la basse, tantôt quittant la partie d'accompagnement pour revenir au-dessus. Les passions se succédaient sur son visage; on y distinguait la tendresse, la colère, le plaisir, la douleur : on sentait les *piano*, les *forte*; et je suis sûr qu'un plus habile que moi aurait reconnu le morceau au mouvement, au caractère, à ses mines, et à quelques traits de chant qui lui échappaient par intervalle. Mais ce qu'il avait de bizarre, c'est que de temps en temps il tâtonnait, se reprenait comme s'il eût manqué, et se dépitait de n'avoir plus la pièce dans les doigts.) Enfin vous voyez, dit-il en se redressant, et essuyant les gouttes de sueur qui descendaient le long de ses joues, que nous savons aussi placer un *triton*, une *quinte* superflue, et que l'enchaînement des *dominantes* nous est familier. Ces passages enharmoniques, dont le cher oncle fait tant de bruit, ce n'est pas la mer à boire : nous nous en tirons.

MOI. — Vous vous êtes donné bien de la peine pour me montrer que vous étiez fort habile ; j'étais homme à vous croire sur votre parole.

LUI. — Fort habile, oh ! non. Pour mon métier, je le sais à peu près, et c'est plus qu'il ne faut ; car, dans ce pays-ci, est-ce qu'on est obligé de savoir ce qu'on montre ?

MOI. — Pas plus que de savoir ce qu'on apprend.

LUI. — Cela est juste, morbleu ! et très-juste ! Là, monsieur le philosophe, la main sur la conscience, parlez net : il y eut un temps où vous n'étiez pas cossu comme aujourd'hui ?

MOI. — Je ne le suis pas encore trop.

LUI. — Mais vous n'iriez plus au Luxembourg en été... Vous vous en souvenez ?...

MOI. — Laissons cela : oui, je m'en souviens.

LUI. — En redingote de peluche grise?

MOI. — Oui, oui.

LUI. — Éreintée par un des côtés, avec la manchette déchirée, et les bas de laine noirs et recousus par derrière avec du fil blanc.

MOI. — Eh ! oui, oui; tout comme il vous plaira.

LUI. — Que faisiez-vous alors dans l'allée des Soupirs?

MOI. — Une assez triste figure.

LUI. — Au sortir de là, vous trottiez sur le pavé.

MOI. — 'D'accord.

LUI. — Vous donniez des leçons de mathématiques.

MOI. — Sans en savoir un mot. N'est-ce pas là que vous en voulez venir?

LUI. — Justement.

MOI. — J'apprenais en montrant aux autres, et j'ai fait quelques bons écoliers.

LUI. — Cela se peut; mais il n'en est pas de la musique comme de l'algèbre ou de la géométrie. Aujourd'hui, que vous êtes un gros monsieur...

MOI. — Pas si gros.

LUI. — Que vous avez du foin dans vos bottes...

MOI. — Très-peu.

LUI. — Vous donnez des maîtres à votre fille.

MOI. — Pas encore ; c'est sa mère qui se mêle de son éducation : car il faut avoir la paix chez soi.

LUI. — La paix chez soi ? Morbleu ! on ne l'a que quand on est le serviteur ou le maître, et c'est le maître qu'il faut être... J'ai eu une femme..., Dieu veuille avoir son âme ! mais quand il lui arrivait quelquefois de se rebéquer, je m'élevais sur mes ergots, je déployais mon tonnerre, je disais comme Dieu : « Que la lumière se fasse ! » et la lumière était faite. Aussi, en quatre années de temps, nous n'avons pas eu dix fois un mot l'un plus haut que l'autre. Quel âge a votre enfant ?

MOI. — Cela ne fait rien à l'affaire.

LUI. — Quel âge a votre enfant ?

MOI. — Hé que diable ! laissons là mon enfant

et son âge, et revenons aux maîtres qu'elle aura.

LUI. — Pardieu! je ne sache rien de si têtu qu'un philosophe. En vous suppliant très-humblement, ne pourrait-on savoir de monseigneur le philosophe quel âge à peu près peut avoir mademoiselle sa fille?

MOI. — Supposez-lui huit ans.

LUI. — Huit ans! Il y a quatre ans que cela devrait avoir les doigts sur les touches.

MOI. — Mais peut-être ne me soucié-je pas trop de faire entrer dans le plan de son éducation une étude qui occupe si longtemps et qui sert si peu.

LUI. — Et que lui apprendrez-vous donc, s'il vous plaît?

MOI. — A raisonner juste, si je puis; chose si peu commune parmi les hommes, et plus rare encore parmi les femmes.

LUI. — Eh! laissez-la déraisonner tant qu'elle voudra, pourvu qu'elle soit jolie, amusante et coquette.

MOI. — Puisque la nature a été assez ingrate envers elle pour lui donner une organisation délicate avec une âme sensible, et l'exposer aux mêmes peines de la vie que si elle avait une organisation forte et un cœur de bronze, je lui apprendrai, si je puis, à les supporter avec courage.

LUI. — Eh ! laissez-la pleurer, souffrir, minauder, avoir des nerfs agacés comme les autres, pourvu qu'elle soit jolie, amusante et coquette. Quoi ! point de danse ?

MOI. — Pas plus qu'il n'en faut pour faire une révérence, avoir un maintien décent, se bien présenter, et savoir marcher.

LUI. — Point de chant ?

MOI. — Pas plus qu'il n'en faut pour bien prononcer.

LUI. — Point de musique ?

MOI. — S'il y avait un bon maître d'harmonie, je la lui confierais volontiers deux heures par jour pendant un ou deux ans, pas davantage.

LUI. — Et à la place des choses essentielles que vous supprimez... ?

MOI. — Je mets de la grammaire, de la fable, de l'histoire, de la géographie, un peu de dessin, et beaucoup de morale.

LUI. — Combien il me serait facile de vous prouver l'inutilité de toutes ces connaissances-là dans un monde tel que le nôtre ! que dis-je, l'inutilité ! peut-être le danger ! Mais je m'en tiendrai pour ce moment à une question : Ne lui faudra-t-il pas un ou deux maîtres ?

MOI. — Sans doute.

LUI. — Ah ! nous y voilà. Et ces maîtres vous espérez qu'ils sauront la grammaire, la fable, l'histoire, la géographie, la morale, dont ils lui donneront des leçons ? Chansons, mon cher maître, chansons ! s'ils possédaient ces choses assez pour les montrer, ils ne les montreraient pas.

MOI. — Et pourquoi ?

LUI. — C'est qu'ils auraient passé leur vie à les étudier. Il faut être profond dans l'art ou dans la science pour en bien posséder les éléments. Les ouvrages classiques ne peuvent être bien faits que par ceux qui ont blanchi sous le harnois ; c'est le milieu et la fin qui éclaircissent les ténèbres du commencement. Demandez à votre ami monsieur d'Alembert, le coryphée de la science mathématique, s'il serait trop bon pour en faire des éléments. Ce n'est qu'après trente ou quarante ans d'exercice que mon *oncle* a entrevu les profondeurs et les premières lumières de la théorie musicale.

MOI. — O fou, archi-fou! m'écriai-je, comment se fait-il que dans ta mauvaise tête il se trouve des idées si justes, pêle-mêle avec tant d'extravagances?

LUI. — Qui diable sait cela? C'est le hasard qui vous les jette, et elles demeurent. Tant il y a que quand on ne sait pas tout on ne sait rien de bien; on ignore où une chose va, d'où une autre vient, où celle-ci et celle-là veulent être placées, laquelle doit passer la première, ou sera mieux la seconde. Montre-t-on bien sans la méthode? et la méthode, d'où naît-elle? Tenez, mon cher philosophe, j'ai dans la tête que la physique sera toujours une pauvre science, une goutte d'eau prise avec la pointe d'une aiguille dans le vaste Océan, un grain détaché de la chaîne des Alpes. Et puis chercher les raisons des phénomènes! En vérité, il vaudrait autant ignorer que de savoir si peu et si mal. Et c'était précisément où j'en étais, lorsque je me fis maître d'accompagnement. A quoi rêvez-vous?

MOI. — Je rêve que tout ce que vous venez de me dire est plus spécieux que solide. Mais laissons cela; vous avez montré, dites-vous, l'accompagnement et la composition?

3.

LUI. — Oui.

MOI. — Et vous n'en saviez rien du tout?

LUI. — Non, ma foi; et c'est pour cela qu'il y en avait de pires que moi, ceux qui croyaient savoir quelque chose. Au moins je ne gâtais ni le jugement ni les mains des enfants. En passant de moi à un bon maître, comme ils n'avaient rien appris, du moins ils n'avaient rien à désapprendre, et c'était toujours autant d'argent et de temps épargnés.

MOI. — Comment faisiez-vous?

LUI. — Comme ils font tous. J'arrivais, je me jetais dans une chaise. « Que le temps est mauvais! que le pavé est fatigant! » Je bavardais quelques nouvelles : « Mlle Lemierre devait faire un rôle de Vestale dans l'opéra nouveau, mais elle est grosse pour la seconde fois; on ne sait qui la doublera. Mlle Arnould vient de quitter son petit *comte;* on dit qu'elle est en négociation avec *Bertin.* Le petit *comte* a pourtant trouvé la porcelaine de M. de Montami. Il y avait au dernier concert des amateurs une Italienne qui a chanté comme un ange. C'est un rare corps que ce Préville! il faut le voir dans le *Mercure galant;* l'endroit de l'énigme est impayable. Cette pauvre Dumesnil ne sait plus ce qu'elle dit ni ce qu'elle fait... Allons, mademoiselle, prenez votre livre... » Tandis que mademoiselle, qui ne se presse pas, cherche son livre qu'elle a égaré, qu'on appelle une femme de chambre, qu'on gronde, je continue : « La Clairon est vraiment incompréhensible. On parle d'un mariage fort saugrenu ; c'est celui de mademoiselle... comment l'appelez-vous ? une petite créature que... entretenait, à qui... qui avait été entretenue par tant d'autres. — Allons, *Rameau*, vous radotez ; cela ne se peut. — Je ne radote point ; on dit même que la chose est faite. Le bruit court que Voltaire est mort ; tant mieux. — Et pourquoi tant mieux ? — C'est qu'il va nous donner quelques bonnes folies ; c'est son usage que de mourir une quinzaine auparavant... » Que vous dirai-je encore ? Je disais quelques polissonneries que je rapportais des maisons où j'avais été, car nous sommes tous grands colporteurs. Je faisais le fou, on m'écoutait, on riait, on s'écriait : « Il est toujours charmant. » Cependant ce livre de mademoiselle s'était retrouvé sous un fauteuil, où il avait été traîné, mâchonné, déchiré par un jeune doguin, ou par un petit chat. Elle

se mettait à son clavecin ; d'abord elle y faisait
du bruit toute seule, ensuite je m'approchais,
après avoir fait à la mère un signe d'approba-
tion. La mère : « Cela ne va pas mal ; on n'aurait qu'à vouloir, mais on ne veut pas ; on aime
mieux perdre son temps à jaser, à chiffonner,
à courir, à je ne sais quoi. Vous n'êtes pas si tôt
parti, que le livre est fermé pour ne le rouvrir
qu'à votre retour : aussi, vous ne la grondez
jamais. » Cependant, comme il fallait faire quelque chose, je lui prenais les mains, que je lui
plaçais autrement ; je me dépitais, je criais :
« *Sol, sol, sol*, mademoiselle ; c'est un *sol.* »
La mère : « Mademoiselle, est-ce que vous n'a-
vez point d'oreille ? Moi qui ne suis pas au clavecin, et qui ne vois pas sur votre livre, je sens
qu'il faut un *sol.* Vous donnez une peine infinie
à monsieur ; je ne conçois pas sa patience ; vous
ne retenez rien de ce qu'il vous dit, vous n'avan-
cez point... » Alors je rabattais un peu les coups,
et, hochant la tête, je disais : « Pardonnez-moi,
madame, pardonnez-moi ; cela pourrait aller
mieux si mademoiselle voulait, si elle étudiait un
peu : mais cela ne va pas mal. » La mère : « A
votre place, je la tiendrais un an sur la même

pièce. — Oh! pour cela elle n'en sortira pas qu'elle ne soit au-dessus de toute difficulté, et cela ne sera pas aussi long que madame le croit. — Monsieur *Rameau*, vous la flattez; vous êtes trop bon. Voilà de la leçon la seule chose qu'elle retiendra et qu'elle saura bien me répéter dans l'occasion... » L'heure se passait, mon écolière me présentait mon petit cachet avec la grâce du bras et la révérence qu'elle avait apprise du maître à danser : je le mettais dans ma poche, pendant que la mère disait : « Fort bien, mademoiselle; si *Favillier* [1] était là, il applaudirait... » Je bavardais encore un moment par bienséance; je disparaissais ensuite, et voilà ce qu'on appelait une leçon d'accompagnement.

MOI. — Et aujourd'hui c'est donc autre chose?

LUI. — Vertudieu! je le crois. J'arrive, je suis grave; je me hâte d'ôter mon manchon, j'ouvre le clavecin, j'essaye les touches. Je suis toujours pressé; si l'on me fait attendre un moment, je crie comme si l'on me volait un écu : Dans une heure d'ici il faut que je sois là, dans deux heures chez Mme la duchesse une telle; je suis attendu à

---

[1] On lit M. Abraham, dans la clé donnée par M. de Saur.

diner chez une belle marquise, et, au sortir de là, c'est un concert chez M. le baron de B**** [1].

MOI. — Et cependant vous n'êtes attendu nulle part ?

LUI. — Il est vrai.

MOI. — Et pourquoi employer toutes ces adresses viles, ces indignes petites ruses-là ?

LUI. — Viles ! et pourquoi, s'il vous plaît ? Elles sont d'usage dans mon état ; je ne m'avilis pas en faisant comme tout le monde. Ce n'est pas moi qui les ai inventées, et je serais bizarre et maladroit de ne pas m'y conformer. Vraiment, je sais bien que si vous allez appliquer à cela certains principes généraux de je ne sais quelle morale qu'ils ont tous à la bouche et qu'aucun d'eux ne pratique, il se trouvera que ce qui est blanc sera noir, et que ce qui est noir sera blanc. Mais, monsieur le philosophe, il y a une conscience générale, comme il y a une grammaire générale ; et puis des exceptions dans chaque

---

[1] La même clé indique le baron de Bagge, gentilhomme allemand, un Hollandais fanatique de la musique et que son enthousiasme et ses concerts avaient rendu ridicule.

langue, que vous appelez, je crois, vous autres savants, des... aidez-moi donc, des...

MOI. — *Idiotismes.*

LUI. — Tout juste. Eh bien ! chaque état a ses exceptions de la conscience générale, auxquelles je donnerais volontiers les noms d'*idiotismes* de métier.

MOI. — J'entends. Fontenelle parle bien, écrit bien, quoique son style fourmille d'*idiotismes* français.

LUI. — Et le souverain, le ministre, le financier, le magistrat, le militaire, l'homme de lettres, l'avocat, le procureur, le commerçant, le banquier, l'artisan, le maître à chanter, le maître à danser, sont de fort honnêtes gens, quoique leur conduite s'écarte en plusieurs points de la conscience générale, et soit remplie d'idiotismes moraux. Plus l'institution des choses est ancienne, plus il y a d'idiotismes ; plus les temps sont malheureux, plus les idiotismes se multiplient. Tant vaut l'homme, tant vaut le métier, et réciproquement. A la fin, tant vaut le métier, tant vaut l'homme. On fait donc valoir le métier tant qu'on peut.

MOI. — Ce que je conçois clairement à tout cet

entortillage, c'est qu'il y a peu de métiers hon-
nêtement exercés, ou peu d'honnêtes gens dans
leurs métiers.

LUI. —.Bon! il n'y en a point; mais en revanche il y a peu de fripons hors de leur boutique : et tout irait bien sans un certain nombre
de gens qu'on appelle assidus, exacts, remplis-
sant rigoureusement leur devoir, stricts, ou, ce
qui revient au même, toujours dans leur boutique, et faisant leur métier depuis le matin
jusqu'au soir, et ne faisant que cela. Aussi sont-
ils les seuls qui deviennent opulents et qui soient
estimés.

MOI. — A force d'idiotismes?

LUI. — C'est cela; je vois que vous m'avez
compris. Or donc, un idiotisme de presque tous
les états, car il y en a de communs à tous
les pays, à tous les temps, comme il y a des
sottises communes; un idiotisme commun est
de se procurer le plus de pratiques que l'on
peut; une sottise commune est de croire que le
plus habile est celui qui en a le plus. Voilà deux
exceptions à la conscience générale, auxquelles
il faut se plier. C'est une espèce de crédit; ce
n'est rien en soi, mais cela vaut par l'opinion.

On a dit que *bonne renommée valait mieux que ceinture dorée :* cependant qui a bonne renommée n'a pas ceinture dorée, et je vois aujourd'hui que qui a ceinture dorée ne manque guère de renommée. Il faut, autant qu'il est possible, avoir le renom et la ceinture ; et c'est mon objet lorsque je me fais valoir par ce que vous qualifiez d'adresses viles, d'indignes petites ruses. Je donne ma leçon, et je la donne bien : voilà la règle générale ; je fais croire que j'en ai plus à donner que la journée n'a d'heures : voilà l'idiotisme.

MOI. — Et la leçon, vous la donnez bien ?

LUI. — Oui, pas mal, passablement. La basse fondamentale du cher maître a bien simplifié tout cela. Autrefois je volais l'argent de mon écolier, oui, je le volais, cela est sûr ; aujourd'hui, je le gagne, du moins comme les autres.

MOI. — Et le voliez-vous sans remords ?

LUI. — Oh ! sans remords. On dit que si un voleur vole l'autre, le diable s'en rit. Les parents regorgeaient d'une fortune acquise Dieu sait comment : c'étaient des gens de cour, des financiers, des gros commerçants, des banquiers, des gens d'affaires : je les aidais à restituer, moi et une foule d'autres qu'ils employaient comme moi. Dans la nature, toutes les espèces se dévorent; toutes les conditions se dévorent dans la société. Nous faisons justice les uns des autres, sans que la loi s'en mêle. La Deschamps autrefois, aujourd'hui la Guimard, venge le prince du financier; et c'est la marchande de modes, le bijoutier, le tapissier, la lingère, l'escroc, la femme de chambre, le cuisinier, le bourrelier, qui vengent le financier de la Deschamps. Au milieu de tout cela il n'y a que l'imbécile ou l'oisif qui soit lésé sans avoir vexé personne, et c'est fort bien fait. D'où vous voyez que ces exceptions à la conscience générale, ou ces idiotismes moraux dont on fait tant de bruit sous la dénomination du tour de bâton, ne sont rien, et qu'à tout prendre il n'y a que le coup d'œil qu'il faut avoir juste.

MOI. — J'admire le vôtre.

LUI. — Et puis la misère! la voix de la conscience et de l'honneur est bien faible, lorsque les boyaux crient. Suffit que si je deviens jamais riche, il faudra bien que je restitue, et que je suis bien résolu à restituer de toutes les ma-

nières possibles, par la table, par le jeu, par le
vin, par les femmes.

MOI. — Mais j'ai peur que vous ne deveniez
jamais riche.

LUI. — Moi, j'en ai le soupçon.

MOI. — Mais s'il en arrivait autrement, que
feriez-vous?

LUI. — Je ferais comme tous les gens revê-
tus; je serais le plus insolent maroufle qu'on eût
encore vu. C'est alors que je me rappellerais
tout ce qu'ils m'ont fait souffrir, et je leur rendrais bien les avances qu'ils m'ont faites. J'aime
à commander, et je commanderai. J'aime qu'on
me loue, et on me louera. J'aurai à mes gages
toute la troupe des flatteurs, des bouffons et des
parasites, et je leur dirai, comme on me l'a dit:
« Allons, faquins, qu'on m'amuse, » et l'on m'a-
musera; « qu'on me déchire les honnêtes gens, »
et on les déchirera, si on en trouve encore. Et
puis nous aurons des filles; nous nous tutoierons
quand nous serons ivres; nous nous enivrerons,
nous ferons des contes, nous aurons toutes sortes
de travers et de vices; cela sera délicieux. Nous
prouverons que Voltaire est sans génie; que
Buffon, toujours guindé sur ses échasses, n'est

qu'un déclamateur ampoulé; que Montesquieu
n'est qu'un bel esprit : nous reléguerons d'Alembert dans ses mathématiques. Nous en donne-
rons sur dos et ventre à tous ces petits Catons
comme vous, qui nous méprisent par envie, dont
la modestie est le maintien de l'orgueil, et dont
la sobriété est la loi du besoin. Et de la musique! c'est alors que nous en ferons.

MOI. — Au digne emploi que vous feriez de
la richesse, je vois combien c'est grand dommage que vous soyez gueux. Vous vivriez là
d'une manière bien honorable pour l'espèce
humaine, bien utile à vos concitoyens, bien glo-
rieuse pour vous.

LUI. — Mais je crois que vous vous moquez
de moi, monsieur le philosophe; vous ne savez
pas à qui vous vous jouez ; vous ne vous doutez
pas que dans ce moment je représente la partie
la plus importante de la ville et de la cour. Nos
opulents dans tous les états se sont dit à eux-
mêmes ou ne se sont pas dit les mêmes choses
que je vous ai confiées ; mais le fait est que la
vie que je mènerais à leur place est exactement
la leur. Voilà où vous en êtes, vous autres; vous
croyez que le même bonheur est fait pour tous.

Quelle étrange vision! Le vôtre suppose un certain degré d'esprit romanesque que nous n'avons pas, une âme singulière, un goût particulier. Vous décorez cette bizarrerie du nom de vertu, vous l'appelez Philosophie; mais la vertu, la philosophie sont-elles faites pour tout le monde? En a qui peut, en conserve qui peut. Imaginez l'univers sage et philosophe; convenez qu'il serait diablement triste. Tenez, vive la philosophie, vive la sagesse de Salomon! boire de bons vins, se gorger de mets délicats, vivre avec de jolies femmes, se reposer dans des lits bien mollets : excepté cela, le reste n'est que vanité.

MOI. — Quoi! défendre sa patrie?

LUI. — Vanité! Il n'y a plus de patrie : je ne vois, d'un pôle à l'autre, que des tyrans et des esclaves.

MOI. — Servir ses amis?

LUI. — Vanité! Est-ce qu'on a des amis? Quand on en aurait, faudrait-il en faire des ingrats? Regardez-y bien, et vous verrez que c'est presque toujours là ce qu'on recueille des services rendus. La reconnaissance est un fardeau, et tout fardeau est fait pour être secoué.

MOI. — Avoir un état dans la société, et en remplir les devoirs?

LUI. — Vanité! Qu'importe qu'on ait un état ou non, pourvu qu'on soit riche, puisqu'on ne prend un état que pour le devenir? Remplir ses devoirs, à quoi cela mène-t-il? à la jalousie, au trouble, à la persécution. Est-ce ainsi qu'on s'avance? Faire sa cour, morbleu! voir les grands, étudier leurs goûts, se prêter à leur fantaisie, servir leurs vices, approuver leurs injustices, voilà le secret.

MOI. — Veiller à l'éducation de ses enfants?

LUI. — Vanité! C'est l'affaire d'un précepteur.

MOI. — Mais si ce précepteur, pénétré de vos principes, néglige ses devoirs, qui est-ce qui en sera châtié?

LUI. — Ma foi, ça ne sera pas moi, mais peut-être un jour le mari de ma fille ou la femme de mon fils.

MOI. — Mais si l'un et l'autre se précipitent dans la débauche et dans les vices?

LUI. — Cela est de leur état.

MOI. — S'ils se déshonorent?

LUI. — Quoi qu'on fasse, on ne peut se déshonorer quand on est riche.

MOI. — S'ils se ruinent?

LUI. — Tant pis pour eux.

MOI. — Je vois que, si vous vous dispensiez de veiller à la conduite de votre femme, de vos enfants, de vos domestiques, vous pourriez aisément négliger vos affaires.

LUI. — Pardonnez-moi; il est quelquefois difficile de trouver de l'argent, et il est prudent de s'y prendre de loin.

MOI. — Vous donnerez peu de soin à votre femme?

LUI. — Aucun, s'il vous plaît. Le meilleur procédé, je crois, qu'on puisse avoir pour sa moitié, c'est de faire ce qui lui convient. A votre avis, la société ne serait-elle pas fort amusante si chacun y était à sa chose?

MOI. — Pourquoi pas? la soirée n'est jamais plus belle pour moi que quand je suis content de ma matinée.

LUI. — Et pour moi aussi.

MOI. — Ce qui rend les gens du monde si délicats sur leurs amusements, c'est leur profonde oisiveté.

LUI. — Ne croyez pas cela; ils s'agitent beaucoup.

MOI. — Comme ils ne se lassent jamais, ils ne se délassent jamais.

LUI. — Ne croyez pas cela, ils sont sans cesse excédés.

MOI. — Le plaisir est toujours une affaire pour eux, et jamais un besoin.

LUI. — Tant mieux ; le besoin est toujours une peine.

MOI. — Ils usent tout. Leur âme s'hébète, l'ennui s'en empare. Celui qui leur ôterait la vie au milieu de leur abondance accablante les servirait : c'est qu'ils ne connaissent du bonheur que la partie qui s'émousse le plus vite. Je ne méprise pas les plaisirs des sens, j'ai un palais aussi, et il est flatté d'un mets délicat ou d'un vin délicieux ; j'ai un cœur et des yeux, et j'aime à voir une jolie femme, j'aime à sentir sous ma main... à puiser la volupté dans ses regards... Quelquefois avec mes amis une partie de débauche, même un peu tumultueuse, ne me déplaît pas. Mais je ne vous le dissimulerai pas, il m'est infiniment plus doux encore d'avoir secouru le malheureux, d'avoir terminé une affaire épineuse, donné un conseil salutaire, fait une lecture agréable, une promenade avec un homme ou une femme chère à mon cœur, passé quelques heures instructives avec mes enfants, écrit une bonne page, rempli

les devoirs de mon état, dit à celle que j'aime
quelques choses tendres et douces qui amènent
ses bras autour de mon cou. Je connais telle action que je voudrais avoir faite pour tout ce que
je possède. C'est un sublime ouvrage que *Mahomet* : j'aimerais mieux avoir réhabilité la mémoire
de *Calas*. — Une personne de ma connaissance
s'était réfugiée à Carthagène ; c'était un cadet de
famille, dans un pays où la coutume transfère
tout le bien aux aînés. Là il apprend que son aîné,
enfant gâté, après avoir dépouillé son père et sa
mère, trop faciles, de tout ce qu'ils possédaient,
les avait expulsés de leur château, et que les bons
vieillards languissaient indigents dans une petite
ville de la province. Que fait alors ce cadet, qui,
traité durement par ses parents, était allé tenter
la fortune au loin ? Il leur envoie des secours ; il
se hâte d'arranger ses affaires, il revient opulent,
il ramène son père et sa mère dans leur domicile,
il marie ses sœurs. Ah ! mon cher *Rameau*, cet
homme regardait cet intervalle comme le plus
heureux de sa vie, c'est les larmes aux yeux qu'il
m'en parlait ; et moi je sens en vous faisant ce
récit mon cœur se troubler de joie, et le plaisir
me couper la parole.

4

LUI. — Vous êtes des êtres bien singuliers!

MOI. — Vous êtes des êtres bien à plaindre si vous n'imaginez pas qu'on s'est élevé au-dessus du sort, et qu'il est impossible d'être malheureux à l'abri de deux belles actions telles que celles-ci.

LUI. — Voilà une espèce de félicité avec laquelle j'aurais de la peine à me familiariser, car on la rencontre rarement. Mais, à votre compte, il faudrait donc être d'honnêtes gens?

MOI. — Pour être heureux, assurément.

LUI. — Cependant, je vois une infinité d'honnêtes gens qui ne sont pas heureux, et une infinité de gens qui sont heureux sans être honnêtes.

MOI. — Il vous semble.

LUI. — Et n'est-ce pas pour avoir eu du sens commun et de la franchise un moment que je ne sais où aller souper ce soir?

MOI. — Oh non! c'est pour n'en avoir pas toujours eu; c'est pour n'avoir pas senti de bonne heure qu'il fallait d'abord se faire une ressource indépendante de la servitude.

LUI. — Indépendante ou non, celle que je me suis faite est au moins la plus aisée.

MOI. — Et la moins sûre et la moins honnête.

LUI. — Mais la plus conforme à mon caractère de fainéant, de sot et de vaurien.

MOI. — D'accord.

LUI. — Et puisque je puis faire mon bonheur par des vices qui me sont naturels, que j'ai acquis sans travail, que je conserve sans efforts, qui cadrent avec les mœurs de ma nation, qui sont du goût de ceux qui me protégent, et plus analogues à leurs petits besoins particuliers que des vertus qui les gêneraient, en les accusant depuis le matin jusqu'au soir, il serait bien singulier que j'allasse me tourmenter comme une âme damnée pour me bistourner et me faire autre que je ne suis, pour me donner un caractère étranger au mien, des qualités très-estimables, j'y consens pour ne pas disputer, mais qui me coûteraient beaucoup à acquérir; à pratiquer, ne me mèneraient à rien, peut-être à pis que rien, par la satire continuelle des riches auprès desquels les gueux comme moi ont à chercher leur vie. On loue la vertu, mais on la hait, mais on la fuit, mais elle gèle de froid, et dans ce monde il faut avoir les pieds chauds, et puis cela me donnerait de l'humeur infailliblement ; car pourquoi voyons-nous si fréquemment les dévots si durs,

si fâcheux, si insociables ? C'est qu'ils se sont
imposé une tâche qui ne leur est pas naturelle ;
ils souffrent, et quand on souffre on fait souffrir
les autres : ce n'est pas là mon compte, ni celui
de mes protecteurs ; il faut que je sois gai, souple,
plaisant, bouffon, drôle. La vertu se fait respec-
ter, et le respect est incommode ; la vertu se
fait admirer, et l'admiration n'est pas amusante.
J'ai affaire à des gens qui s'ennuient, et il faut
que je les fasse rire. Or, c'est le ridicule et la
folie qui font rire, il faut donc que je sois ridicule et fou ; et quand la nature ne m'aurait pas
fait tel, le plus court serait de le paraître. Heureusement je n'ai pas besoin d'être hypocrite ; il
y en a déjà tant de toutes les couleurs, sans
compter ceux qui le sont avec eux-mêmes ! Ce
chevalier de *la Morlière*, qui retape son chapeau
sur son oreille, qui porte la tête au vent, qui
vous regarde le passant par-dessus son épaule,
qui fait battre une longue épée sur sa cuisse, qui
a l'insulte toute prête pour celui qui n'en porte
point, et qui semble adresser un défi à tout ve-
nant, que fait-il ? tout ce qu'il peut pour se persuader qu'il est un homme de cœur ; mais il est
lâche. Offrez-lui une croquignole sur le bout du

nez, et il la recevra en douceur. Voulez-vous lui faire baisser le ton ? élevez-le, montrez-lui votre canne, et appliquez votre pied entre ses fesses. Tout étonné de se trouver un lâche, il vous demandera qui est-ce qui vous l'a appris, d'où vous le savez ? lui-même l'ignorait le moment précédent ; une longue et habituelle singerie de bravoure lui en avait imposé, il avait tant fait les mines, qu'il croyait la chose. Et cette femme qui se mortifie, qui visite les prisons, qui assiste à toutes les assemblées de charité, qui marche les yeux baissés, qui n'oserait regarder un homme en face, sans cesse en garde contre la séduction de ses sens ; tout cela empêche-t-il que son cœur ne brûle, que des soupirs ne lui échappent, que son tempérament ne s'allume, que les désirs ne l'obsèdent, et que son imagination ne lui retrace, la nuit ?... Alors que devient-elle ? qu'en pense sa femme de chambre, lorsqu'elle se lève en chemise et qu'elle vole au secours de sa maîtresse qui se meurt ? Justine, allez-vous recoucher ; ce n'est pas vous que votre maîtresse appelle dans son délire. Et l'ami *Rameau*, s'il se mettait un jour à marquer du mépris pour la fortune, les femmes, la bonne chère, l'oisiveté, à catoniser, que serait-il? un hypocrite. Il faut que *Rameau* soit ce qu'il est, un brigand heureux avec des brigands opulents, et non un fanfaron de vertu ou même un homme vertueux, mangeant sa croûte de pain seul ou à côté des gueux. Et pour le trancher net, je ne m'accommode point de votre félicité, ni du bonheur de quelques visionnaires comme vous.

MOI. — Je vois, mon cher, que vous ignorez ce que c'est, et que vous n'êtes pas même fait pour l'apprendre.

LUI. — Tant mieux, mordieu! tant mieux: cela me ferait crever de faim, d'ennui, et de remords peut-être.

MOI. — D'après cela, le seul conseil que j'aie à vous donner c'est de rentrer bien vite dans la maison d'où vous vous êtes imprudemment fait chasser.

LUI. — Et de faire ce que vous ne désapprouvez pas au simple, et qui me répugne un peu au figuré?

MOI. — Quelle singularité!

LUI. — Il n'y a rien de singulier à cela; je veux bien être abject, mais je veux que ce soit sans contrainte. Je veux bien descendre de ma dignité... Vous riez?

MOI. — Oui, votre dignité me fait rire.

LUI. — Chacun a la sienne. Je veux bien oublier la mienne, mais à ma discrétion, et non à l'ordre d'autrui. Faut-il qu'on puisse me dire: Rampe, et que je sois obligé de ramper? C'est l'allure du ver, c'est la mienne; nous la suivons l'un et l'autre quand on nous laisse aller, mais nous nous redressons quand on nous marche sur la queue: on m'a marché sur la queue, et je me redresserai. Et puis vous n'avez pas d'idée de la pétaudière dont il s'agit. Imaginez un mélancolique et maussade personnage, dévoré de vapeurs, enveloppé dans deux ou trois tours de sa robe de chambre; qui se déplaît à lui-même, à qui tout déplaît; qu'on fait avec peine sourire en se disloquant le corps et l'esprit en cent manières diverses; qui considère froidement les grimaces plaisantes de mon visage et celles de mon jugement, qui sont plus plaisantes encore; car, entre nous, ce père Noël, ce vilain bénédictin si renommé pour les grimaces, malgré ses succès à la cour, n'est, sans me vanter ni lui non plus, en comparaison de moi, qu'un polichinelle de bois. J'ai beau me tourmenter pour atteindre au sublime des Petites-Maisons, rien n'y fait. Rira-t-il? ne rira-t-il pas? voilà ce que je suis forcé de me dire au milieu de mes contorsions; et vous pouvez juger combien cette incertitude nuit au talent. Mon hypocondre, la tête renfoncée dans un bonnet de nuit qui lui couvre les yeux, a l'air d'une pagode immobile à laquelle on aurait attaché un fil au menton, d'où il descendrait jusque sous son fauteuil. On'attend que le fil se tire, et il ne se tire point: ou s'il arrive que la mâchoire s'entr'ouvre, c'est pour vous articuler un mot désolant, un mot qui vous apprend que vous n'avez point été aperçu, et que toutes vos singeries sont perdues. Ce mot est la réponse à une question que vous lui aurez faite il y a quatre jours; ce mot dit, le ressort mastoïde se détend, et la mâchoire se renferme.

(Puis il se mit à contrefaire son homme. Il s'était placé dans une chaise, la tête fixe, le chapeau jusque sur les paupières, les yeux demi-clos, les bras pendants, remuant sa mâchoire comme un automate, et disant: « Oui, vous avez raison, mademoiselle, il faut mettre de la finesse là.) » — C'est que cela décide, que cela décide toujours et sans appel, le soir, le matin, à la toilette, à dîner, au café, au jeu, au théâtre, à souper, au lit, et, Dieu me le pardonne, je crois, entre les bras de sa maîtresse. Je ne suis pas à portée d'entendre ces dernières décisions-ci, mais je suis diablement las des autres... Triste, obscur et tranché comme le Destin, tel est notre patron.

Vis-à-vis, c'est une bégueule qui joue l'importance, à qui l'on se résoudrait à dire qu'elle est jolie, parce qu'elle est jolie, quoiqu'elle ait sur le visage quelques gales par-ci par-là, et qu'elle coure après le volume de madame Bouvillon [1]. J'aime les chairs quand elles sont belles; mais aussi trop est trop, et le mouvement est si essentiel à la matière ! *Item*, elle est plus méchante, plus fière et plus bête qu'une oie. *Item*, elle veut avoir de l'esprit. *Item*, il faut lui persuader qu'on lui en croit comme à personne. *Item*, cela ne sait rien, et cela décide aussi. *Item*, il faut applaudir à ses décisions des pieds et des mains, sauter d'aise et transir d'admiration : « Que

---

[1] Personnage du *Roman comique* de Scaron ; femme énorme et ridicule.

cela est béau, délicat, bien dit, finement vu, singulièrement senti ! Où les femmes prennent-elles
cela ? Sans étude, par la seule force de l'instinct,
par la seule lumière naturelle ! cela tient du
prodige. Et puis, qu'on vienne nous dire que
l'expérience, l'étude, la réflexion, l'éducation, y
font quelque chose !... » Et autres pareilles sottises, et pleurer de joie; dix fois la journée se
courber, un genou fléchi en devant, l'autre jambe
tirée en arrière, les bras étendus vers la déesse,
chercher son désir dans ses yeux, rester suspendu
à sa lèvre, attendre son ordre, et partir comme
un éclair. Qui est-ce qui veut s'assujettir à un
rôle pareil, si ce n'est le misérable qui trouve là,
deux ou trois fois la semaine, de quoi calmer la
tribulation de ses intestins? Que penser des
autres, tels que le Palissot, le Fréron, le Mallet,
le *Baculard*, qui ont quelque chose, et dont les
bassesses ne peuvent s'excuser par le borborygme
d'un estomac qui souffre ?

MOI. — Je ne vous aurais jamais cru si difficile.

LUI. — Je ne le suis pas. Au commencement
je voyais faire les autres, et je faisais comme
eux, même un peu mieux, parce que je suis plus

franchement impudent, meilleur comédien, plus
affamé, fourni de meilleurs poumons. Je descends
apparemment en droite ligne du fameux Stentor...

(Et, pour me donner une juste idée de la force
de ce viscère, il se mit à tousser d'une violence
à ébranler les vitres du café, et à suspendre l'attention des joueurs d'échecs.)

MOI. — Mais à quoi bon ce talent?

LUI. — Vous ne le devinez pas?

MOI. — Non, je suis un peu borné.

LUI. — Supposez la dispute engagée et la vic-
toire incertaine ; je me lève, et, déployant mon
tonnerre, je dis : « Cela est comme mademoiselle l'assure... c'est là ce qui s'appelle juger !
Je le donne en cent à tous nos beaux esprits.
L'expression est de génie. » Mais il ne faut pas
toujours approuver de la même manière ; on
serait monotone, on aurait l'air faux, on deviendrait insipide. On ne se sauve de là que par du
jugement, de la fécondité ; il faut savoir préparer
et placer ses tons majeurs et péremptoires, saisir
l'occasion et le moment. Lors, par exemple,
qu'il y a partage entre les sentiments, que la dispute s'est élevée à son dernier degré de violence,
qu'on ne s'entend plus, que tous parlent à la

fois, il faut être placé à l'écart, dans l'angle de l'appartement le plus éloigné du champ de bataille, avoir préparé son explosion par un long silence, et tomber subitement comme une *Comminge* [1], au milieu des contendants : personne n'a cet art comme moi. Mais où je suis surprenant, c'est dans l'opposé : j'ai des petits tons que j'accompagne d'un sourire, une variété infinie de mines approbatives ; là, le nez, la bouche, le front, les yeux, entrent en jeu ; j'ai une souplesse de reins, une manière de contourner l'épine du dos, de hausser ou de baisser les épaules, d'étendre les doigts, d'incliner la tête, de fermer les yeux, et d'être stupéfait comme si j'avais entendu descendre du ciel une voix angélique et divine ; c'est là ce qui flatte. Je ne sais si vous saisissez bien toute l'énergie de cette attitude-là ; je ne l'ai point inventée, mais personne ne m'a surpassé dans l'exécution. Voyez, voyez.

MOI. — Il est vrai que cela est unique.

LUI. — Croyez-vous qu'il y ait cervelle de femme qui tienne à cela ?

---

[1] Bombes de siége ainsi nommées du nom du comte de Comminges ; aide de camp de Louis XIV au siége de Namur.

MOI. — Non ; il faut convenir que vous avez porté le talent de faire le fou et de s'avilir aussi loin qu'il est possible.

LUI. — Ils auront beau faire, tous tant qu'ils sont, ils n'en viendront jamais là : le meilleur d'entre eux, Palissot, par exemple, ne sera jamais qu'un bon écolier. Mais si ce rôle amuse d'abord, et si l'on goûte quelque plaisir à se moquer en dedans de la bêtise de ceux qu'on enivre, à la longue cela ne pique plus, et puis après un certain nombre de découvertes on est obligé de se répéter : l'esprit et l'art ont leurs limites ; il n'y a que Dieu et quelques génies rares pour qui la carrière s'étende à mesure qu'ils y avancent. *Bouret* en est un peut-être : il y a de celui-ci des traits qui m'en donnent à moi, oui, à moi-même, la plus sublime idée. Le *petit chien,* le *livre de la félicité,* les *flambeaux* sur la route de Versailles, sont de ces choses qui me confondent et m'humilient ; ce serait capable de dégoûter du métier.

MOI. — Que voulez-vous dire avec votre petit chien ?

LUI. — D'où venez-vous donc ? Quoi ! sérieusement, vous ignorez comment cet homme rare

s'y prit pour détacher de lui et attacher au garde
des sceaux un petit chien qui plaisait à celui-ci?

MOI. — Je l'ignore, je le confesse.

LUI. — Tant mieux. C'est une des plus belles
choses qu'on ait imaginées; toute l'Europe en a
été émerveillée, et il n'y a pas un courtisan dont
elle n'ait excité l'envie. Vous qui ne manquez pas
de sagacité; voyons comment vous vous y seriez
pris à sa place. Songez que *Bouret* était aimé de
son chien; songez que le vêtement bizarre du
ministre effrayait le petit animal; songez qu'il
n'avait que huit jours pour vaincre les difficultés.
Il faut connaître toutes les conditions du problème pour bien sentir le mérite de la solution.
Eh bien?

MOI. — Eh bien! il faut que je vous avoue que
dans ce genre les choses les plus faciles m'em-
barrasseraient.

LUI. — Écoutez (me dit-il en me frappant un
petit coup sur l'épaule, car il est familier), écoutez et admirez. Il se fait faire un masque qui
ressemble au garde des sceaux; il emprunte d'un
valet de chambre sa volumineuse simarre; il se
couvre le visage du masque; il endosse la si-
mare. Il appelle son chien, il le caresse, il lui

donne la gimblette ; puis tout à coup changeant de décoration, ce n'est plus le garde des sceaux, c'est *Bouret* qui appelle son chien et. le fouette. En moins de deux ou trois jours de cet exercice continu du matin au soir, le chien sait fuir *Bouret* le financier, et courir à *Bouret* garde des sceaux. Mais je suis trop bon ; vous êtes un profane qui ne méritez pas d'être instruit des miracles qui s'opèrent à côté de vous.

MOI. — Malgré cela, je vous prie, *le livre, les flambeaux ?*

LUI. — Non, non. Adressez-vous aux pavés, qui vous diront ces choses-là, et profitez de la circonstance qui nous a rapprochés, pour apprendre des choses que personne ne sait que moi.

MOI. — Vous avez raison.

LUI. — Emprunter la robe et la perruque, j'avais oublié la perruque du garde des sceaux ! se faire un masque qui lui ressemble ! le masque surtout me. tourne la tête. Aussi cet homme jouit-il de la plus haute considération ; aussi possède-t-il des millions. Il y a des croix de Saint-Louis qui n'ont pas de pain : aussi pourquoi courir après la croix, au hasard de se faire échiner, et ne pas se tourner vers un état sans pareil, qui ne manque jamais sa récompense? Voilà ce qui s'appelle aller au grand. Ces modèles-là sont décourageants; on a pitié de soi, et l'on s'ennuie. Le masque! le masque! Je donnerais un de mes doigts pour avoir trouvé le masque.

MOI. — Mais avec cet enthousiasme pour les belles choses, et cette facilité de génie que vous possédez, est-ce que vous n'avez rien inventé?

LUI. — Pardonnez-moi: par exemple, l'attitude admirative du dos, dont je vous ai parlé; je la regarde comme mienne, quoiqu'elle puisse peut-être m'être contestée par des envieux. Je crois bien qu'on l'a employée auparavant; mais qui est-ce qui a senti combien elle était commode pour rire en dessous de l'impertinent qu'on admirait? J'ai plus de cent façons d'entamer la séduction d'une jeune fille à côté de sa mère, sans que celle-ci s'en aperçoive, et même de la rendre complice. A peine entrais-je dans la carrière, que je dédaignai toutes les manières vulgaires de glisser un billet doux; j'ai dix moyens de me le faire arracher, et parmi ces moyens j'ose me flatter qu'il y a en a de nouveaux. Je possède surtout le talent d'encourager un jeune homme

timide ; j'en ai fait réussir qui n'avaient ni esprit
ni figure. Si cela était écrit, je crois qu'on m'ac-
corderait quelque génie.

MOI. — Vous feriez un homme singulier.

LUI. — Je n'en doute pas.

MOI. — A votre place, je jetterais ces choses-là
sur le papier. Ce serait dommage qu'elles se
perdissent.

LUI. — Il est vrai ; mais vous ne soupçonnez
pas combien je fais peu de cas de la méthode et
des préceptes. Celui qui a besoin d'un protocole
n'ira jamais loin ; les génies lisent peu, prati-
quent beaucoup, et se font d'eux-mêmes. Voyez
César, Turenne, Vauban, la marquise de *Tencin*,
son frère le cardinal, et le secrétaire de celui-ci,
l'abbé *Trublet* et *Bouret* ? Qui est-ce qui a donné
des leçons à *Bouret*? Personne ; c'est la nature
qui forme ces hommes rares-là. Croyez-vous que
l'histoire du chien et du masque soit écrite quelque part ?

MOI. — Mais à vos heures perdues, lorsque
l'angoisse de votre estomac vide, ou la fatigue
de votre estomac surchargé éloigne le sommeil...

LUI. — J'y penserai. Il vaut mieux écrire de
grandes choses que d'en exécuter de petites. Alors

l'âme s'élève, l'imagination s'échauffe, s'enflamme
et s'étend, au lieu qu'elle se rétrécit à s'étonner,
auprès de la petite Ilus, des applaudissements
que ce sot public s'obstine à prodiguer à cette
minaudière de Dangeville qui joue si platement,
qui marche presque courbée en deux sur la scène,
qui a l'affectation de regarder sans cesse dans
les yeux de celui à qui elle parle, et de jouer en
dessous, et qui prend elle-même ses grimaces
pour de la finesse, son petit trot pour de la grâce;
à cette emphatique Clairon, qui est plus maigre,
plus apprêtée, plus étudiée, plus empesée qu'on
ne saurait dire. Cet imbécile parterre les claque
à tout rompre, et ne s'aperçoit pas que nous
sommes un peloton d'agréments. Il est vrai que
le peloton grossit un peu, mais qu'importe? que
nous avons la plus belle peau, les plus beaux
yeux, le plus joli bec; peu d'entrailles à la vérité; une démarche qui n'est pas légère, mais
qui n'est pas non plus aussi gauche qu'on le dit.
Pour le sentiment, en revanche, il n'en est aucune
à qui nous ne damions le pion.

MOI. — Comment dites-vous tout cela? est-ce
ironie ou vérité?

LUI. — Le mal est que ce diable de sentiment

est tout en dedans, et qu'il n'en transpire pas une lueur au dehors ; mais moi qui vous parle, je sais et je sais bien qu'elle en a. Si ce n'est pas cela, il faut voir, quand l'humeur nous prend, comme nous traitons les valets, comme les femmes de chambre sont souffletées, comme nous menons à grands coups de pied le bon ami... pour peu qu'il... s'écarte du respect qui nous est dû. C'est un petit diable, vous dis-je, tout plein de sentiment et de dignité... Or çà, vous ne savez où vous en êtes, n'est-ce pas ?

MOI. — J'avoue que je ne saurais démêler si c'est de bonne foi ou méchamment que vous parlez. Je suis un bonhomme ; ayez la bonté d'en user avec moi plus rudement, et de laisser là votre art.

LUI. — Cela, c'est ce que nous débitons de la petite Hus..., de la Dangeville et de la Clairon, mêlé par-ci par-là de quelques mots qui vous donnent l'éveil. Je consens que vous me preniez pour un vaurien, mais non pour un sot ; et il n'y aurait qu'un sot ou un homme perdu d'amour qui pût dire sérieusement tant d'impertinences.

MOI. — Mais comment se résout-on à le dire ?

LUI. — Cela ne se fait pas tout d'un coup ;

mais petit à petit on y vient. *Ingenii largitor venter*.

MOI. — Il faut être pressé de faim.

LUI. — Cela se peut. Cependant, quelque fortes qu'elles vous paraissent, croyez que ceux à qui elles s'adressent sont plutôt accoutumés à les entendre que nous à les hasarder.

MOI. — Est-ce qu'il y a quelqu'un qui ait le courage d'être de votre avis?

LUI. — Qu'appelez-vous quelqu'un ? C'est le sentiment et le langage de toute la société.

MOI. — Ceux d'entre vous qui ne sont pas de grands vauriens, doivent être de grands sots.

LUI. — Des sots, là? Je vous jure qu'il n'y en qu'un, c'est celui qui nous fête pour lui en imposer.

MOI. — Mais comment s'en laisse-t-on si grossièrement imposer? Car enfin la supériorité en talents de la Dangeville et de la Clairon est décidée.

LUI. — On avale à pleine gorgée le mensonge qui nous flatte, et l'on boit goutte à goutte une vérité qui nous est amère. Et puis nous avons l'air si pénétré, si vrai!

MOI. — Il faut cependant que vous ayez péché une fois contre les principes de l'art, et qu'il vous soit échappé par mégarde quelques-unes de ces vérités amères qui blessent; car, en dépit du rôle misérable, abject, vil, abominable que vous faites, je crois qu'au fond vous avez l'âme délicate.

LUI. — Moi? point du tout. Que le diable m'emporte si je sais au fond ce que je suis! En général, j'ai l'esprit rond comme une boule, et le caractère franc comme l'osier. Jamais faux, pour peu que j'aie d'intérêt d'être vrai; jamais vrai, pour peu que j'aie d'intérêt d'être faux. Je dis les choses comme elles me viennent; sensées, tant mieux; impertinentes, on n'y prend pas garde. J'use en plein de mon franc-parler. Je n'ai pensé de ma vie, ni avant que de dire, ni en disant, ni après avoir dit; aussi je n'offense personne.

MOI. — Mais cela vous est pourtant arrivé avec les honnêtes gens chez qui vous viviez, et qui avaient pour vous tant de bontés.

LUI. — Que voulez-vous? c'est un malheur, un mauvais moment comme il y en a dans la vie; point de félicité continue: j'étais trop bien, cela ne pouvait durer. Nous avons, comme vous sa-

vcz, la compagnie la plus nombreuse et la mieux
choisie. C'est une école d'humanité, le renou-
vellement de l'antique hospitalité : tous les poëtes
qui tombent, nous les ramassons ; nous eûmes
Palissot après sa *Zarès*, Bret après le *Faux généreux ;* tous les musiciens décriés, tous les auteurs
qu'on ne lit point, toutes les actrices sifflées,
tous les acteurs hués, un tas de pauvres honteux,
plats, parasites, à la tête desquels j'ai l'honneur
d'être, brave chef d'une troupe timide. C'est moi
qui les exhorte à manger la première fois qu'ils
viennent, c'est moi qui demande à boire pour
eux : ils tiennent si peu de place ! Quelques jeunes gens déguenillés qui ne savent où donner
de la tête, mais qui ont de la figure ; d'autres
scélérats qui cajolent le patron et qui l'endor-
ment, afin de glaner après lui sur la patronne.
Nous paraissons gais, mais au fond nous avons
de l'humeur et grand appétit. Des loups ne sont
pas plus affamés, des tigres ne sont pas plus
cruels. Nous dévorons comme des loups lorsque
la terre a été longtemps couverte de neige, nous
déchirons comme des tigres tout ce qui réussit.
Quelquefois les cohues *Bertin*, *Mésenge* et *Ville-
morin* se réunissent : c'est alors qu'il se fait un

beau bruit dans la ménagerie. Jamais on ne vit tant de bêtes tristes, acariâtres, malfaisantes, courroucées. On n'entend que les noms de Buffon, de Duclos, de Montesquieu, de Rousseau, de Voltaire, de d'Alembert, de Diderot. Et Dieu sait de quelles épithètes ils sont accompagnés ! Nul n'aura de l'esprit s'il n'est aussi sot que nous. C'est là que le plan de la comédie des *Philosophes* a été conçu : la scène du colporteur, c'est moi qui l'ai fournie, d'après la *Théologie en quenouille :* vous n'êtes pas épargné là plus qu'un autre.

MOI. — Tant mieux ! peut-être me fait-on plus d'honneur que je n'en mérite. Je serais humilié si ceux qui disent du mal de tant d'habiles et d'honnêtes gens s'avisaient de dire du bien de moi.

LUI. — Nous sommes beaucoup, et il faut que chacun paye son écot ; après le sacrifice des grands animaux, nous immolons les autres.

MOI. — Insulter la science et la vertu pour vivre, voilà du pain bien cher !

LUI. — Je vous l'ai déjà dit, nous sommes sans conséquence ; nous injurions tout le monde, et nous n'affligeons personne. Nous avons quelquefois le pesant abbé d'*Olivet*, le gros abbé *le Blanc*, l'hypocrite *Batteux*. Le gros abbé n'est méchant qu'avant dîner; son café pris, il se jette dans un fauteuil, les pieds appuyés contre la tablette de la cheminée, et s'endort comme un vieux perroquet sur son bâton. Si le vacarme devient violent, il bâille, étend ses bras, il frotte ses yeux et dit : « Eh bien, qu'est-ce, qu'est-ce? — Il s'agit de savoir si Piron a plus d'esprit que Voltaire. — Entendons-nous : c'est de l'esprit que vous dites? il ne s'agit pas de goût? car du goût, votre Piron ne s'en doute pas. — Ne s'en doute pas? — Non... » Et puis nous voilà embarqués dans une dissertation sur le goût. Alors le patron fait signe de la main qu'on l'écoute, car c'est surtout de goût qu'il se pique. « Le goût, dit-il... le goût est une chose... » Ma foi je ne sais quelle chose il disait que c'était, ni lui non plus.

Nous avons quelquefois l'ami Robbé; il nous régale de ses contes équivoques, des miracles des convulsionnaires, dont il a été le témoin oculaire, et de quelques chants de son poëme sur un sujet qu'il connaît à fond. Je hais ses vers, mais j'aime à l'entendre réciter; il a l'air d'un énergumène. Tous s'écrient autour de lui: « Voilà ce qu'on appelle un poëte!... » Entre nous, cette poésie-là n'est qu'un charivari de toutes sortes de bruits confus, le ramage barbare des habitants de la tour de Babel.

Il nous vient aussi un certain niais, qui a l'air plat et bête, mais qui a de l'esprit comme un démon, et qui est plus malin qu'un vieux singe. C'est une de ces figures qui appellent la plaisanterie et les nasardes, et que Dieu fit pour la correction des gens qui jugent à la mine, et à qui leur miroir aurait dû apprendre qu'il est aussi aisé d'être un homme d'esprit et d'avoir l'air d'un sot, que de cacher un sot sous une physionomie spirituelle. C'est une lâcheté bien commune que celle d'immoler un bon homme à l'amusement des autres; on ne manque jamais de s'adresser à celui-là. C'est un piége que nous tendons aux nouveaux venus, et je n'en ai presque pas vu un seul qui n'y donnât...

(J'étais quelquefois surpris de la justesse des observations du fou sur les hommes et sur les caractères, et je le lui témoignai.) C'est, me répondit-il, qu'on tire parti de la mauvaise compagnie comme du libertinage; on est dédommagé de la perte de son innocence par celle de ses préjugés : dans la société des méchants, où le vice se montre à masque levé, on apprend à les connaître; et puis j'ai un peu lu.

MOI. — Qu'avez-vous lu?

LUI. — J'ai lu et je lis et relis sans cesse Théophraste, la Bruyère et Molière.

MOI. — Ce sont d'excellents livres.

LUI. — Ils sont bien meilleurs qu'on ne pense; mais qui est-ce qui sait les lire?

MOI. — Tout le monde, selon la mesure de son esprit.

LUI. — Presque personne. Pourriez-vous me dire ce qu'on y cherche?

MOI. — L'amusement et l'instruction.

LUI. — Mais quelle instruction? car c'est là le point.

MOI. — La connaissance de ses devoirs, l'amour de la vertu, la haine du vice.

LUI. — Moi j'y recueille tout ce qu'il faut faire et tout ce qu'il ne faut pas dire. Ainsi quand je lis l'*Avare*, je me dis : sois avare si tu veux, mais garde-toi de parler comme l'Avare. Quand je lis le *Tartufe*, je me dis : sois hypocrite si tu veux, mais ne parle pas comme l'hypocrite. Garde tes vices qui te sont utiles, mais n'en aie ni le ton ni les apparences, qui te rendraient

ridicule. Pour te garantir de ce ton, de ces apparences, il faut les connaître; or, ces auteurs en
ont fait des peintures excellentes. Je suis moi,
et je reste ce que je suis; mais j'agis et je parle
comme il convient. Je ne suis pas de ces gens
qui méprisent les moralistes; il y a beaucoup à
profiter, surtout avec ceux qui ont mis la morale
en action. Le vice ne blesse les hommes que par
intervalle; les caractères du vice les blessent du
matin au soir. Peut-être vaudrait-il mieux être
un insolent que d'en avoir la physionomie; l'insolent de caractère n'insulte que de temps en
temps, l'insolent de physionomie insulte toujours.
Au reste, n'allez pas imaginer que je sois le seul
lecteur de mon espèce; je n'ai d'autre mérite ici
que d'avoir fait par système, par justesse d'esprit,
par une vue raisonnable et vraie, ce que la plupart des autres font par instinct. De là vient que
leurs lectures ne les rendent pas meilleurs que
moi, mais qu'ils restent ridicules en dépit d'eux;
au lieu que je ne le suis que quand je veux, et
que je les laisse alors loin derrière moi; car le
même art qui m'apprend à me sauver du ridicule
en certaines occasions, m'apprend aussi dans
d'autres à l'attraper heureusement. Je me rap-

pelle alors tout ce que les autres ont dit, tout ce que j'ai lu, et j'y ajoute tout ce qui sort de mon fonds, qui est en ce genre d'une fécondité surprenante.

MOI. — Vous avez bien fait de me révéler ces mystères, sans quoi je vous aurais cru en contradiction.

LUI. — Je n'y suis point; car pour une fois où il faut éviter le ridicule, heureusement il y en a cent où il faut s'en donner. Il n'y a pas de meilleur rôle auprès des grands que celui de fou. Longtemps il y a eu le fou du roi en titre, en aucun il n'y eut en titre le sage du roi. Moi, je suis le fou de *Bertin* et de beaucoup d'autres, le vôtre peut-être dans ce moment, ou peut-être vous le mien : celui qui serait sage n'aurait point de fou; celui donc qui a un fou n'est pas sage; s'il n'est pas sage il est fou, et peut-être, fût-il le roi, le fou de son fou. Au reste, souvenez-vous que, dans un sujet aussi variable que les mœurs, il n'y a rien d'absolument, d'essentiellement, de généralement vrai ou faux; sinon, qu'il faut être ce que l'intérêt veut qu'on soit, bon ou mauvais, sage ou fou, décent ou ridicule, honnête ou vicieux. Si par hasard la vertu avait conduit à la fortune, ou j'aurais été vertueux, ou j'aurais simulé la vertu comme un autre ; on m'a voulu ridicule, et je me le suis fait ; pour vicieux, nature seule en avait fait les frais. Quand je dis vicieux, c'est pour parler votre langue ; car si nous venions à nous expliquer, il pourrait arriver que vous appelassiez vice ce que j'appelle vertu, et vertu ce que j'appelle vice.

Nous avons aussi les auteurs de l'Opéra-Comique, leurs acteurs et leurs actrices, et plus souvent leurs entrepreneurs Corbie, Moeth, tous gens de ressources et d'un mérite supérieur.

Et j'oubliais les grands critiques de la littérature, *l'Avant-Coureur, les Petites Affiches, l'Année littéraire, l'Observateur littéraire, le Censeur hebdomadaire*, toute la clique des feuillistes [1].

MOI. — *L'Année littéraire! l'Observateur littéraire !* Cela ne se peut ; ils se détestent.

[1] *L'Avant-Coureur*, qui parut de 1760 à 1773, avait pour rédacteurs Meusnier de Querlon, Lacombe et la Dîgmérie ; *les Petites affiches* étaient rédigées par de Querlon et l'abbé Aubert, *l'Année littéraire*, par Fréron, *l'Observateur*, par l'abbé de la Porte, et le *Censeur hebdomadaire*, par Chaumery et d'Aquin. Voir sur ces journaux, l'*Histoire de la Presse*, de M. Eugène Hatin, tomes II et III.

LUI. — Il est vrai ; mais tous les gueux se réconcilient à la gamelle. Ce maudit *Observateur littéraire*, que le diable l'eût emporté lui et ses feuilles ! C'est ce chien de petit prêtre avare, *puant et usurier*, qui est la cause de mon désastre. Il parut sur notre horizon hier pour la première fois ; il arriva à l'heure qui nous chasse tous de nos repaires, l'heure du dîner. Quand il fait mauvais temps, heureux celui d'entre nous qui a la pièce de vingt-quatre sols dans sa poche ! Tel s'est moqué de son confrère qui était arrivé le matin crotté jusqu'à l'échine et mouillé jusqu'aux os, qui le soir rentre chez lui dans le même état. Il y en eut un, je ne sais plus lequel, qui eut, il y a quelques mois, un démêlé violent avec le Savoyard qui s'est établi à notre porte ; ils étaient en compte courant : le créancier voulait que son débiteur se liquidât, et celui-ci n'était pas en fonds. On sert, on fait les honneurs de la table à l'abbé, on le place au haut bout. J'entre ; je l'aperçois. « Comment, l'abbé, lui dis-je, vous présidez ? voilà qui est fort bien pour aujourd'hui ; mais demain vous descendrez, s'il vous plaît, d'une assiette, après demain, d'une autre assiette, et ainsi d'assiette en assiette, soit à droite, soit à gauche, jusqu'à ce que de la place que j'ai occupée une fois avant vous; Fréron, une fois après moi; *Dorat,* une fois après moi; Fréron, Palissot, une fois après *Dorat;* vous deveniez stationnaire auprès de moi, pauvre plat..., comme vous, qui *siedo sempre come un maestoso carro fra duoi coglioni.* » L'abbé, qui est un bon diable, et qui prend tout bien, se mit à rire; mademoiselle, pénétrée de mon observation et de la justesse de ma comparaison, se mit à rire; tous ceux qui siégeaient à droite et à gauche de l'abbé, ou qu'il avait reculés d'un cran, se mirent à rire; tout le monde rit, excepté monsieur, qui se fâche, et me tient des propos qui n'auraient rien signifié si nous avions été seuls... « Vous êtes un impertinent. — Je le sais bien, et c'est à cette condition que vous m'avez reçu. — Un faquin. — Comme un autre. — Un gueux. — Est-ce que je serais ici sans cela? — Je vous ferai chasser. — Après dîner, je m'en irai de moi-même... — Je vous le conseille... » On dîna; je n'en perdis pas un coup de dent. Après avoir bien mangé, bu largement (car après tout il n'en aurait été ni plus ni moins, messire Gaster est un personnage contre lequel je n'ai jamais boudé), je pris mon parti, et je me disposai à m'en aller ; j'avais engagé ma parole en présence de tant de monde, qu'il fallait bien la tenir. Je fus un temps considérable à rôder dans l'appartement, cherchant ma canne et mon chapeau où ils n'étaient pas, et comptant toujours que le patron se répandrait dans un nouveau torrent d'injures, que quelqu'un s'interposerait, et que nous finirions par nous raccommoder à force de nous fâcher. Je tournais, car moi je n'avais rien sur le cœur ; mais le patron, lui, plus sombre et plus noir que l'Apollon d'Homère lorsqu'il décoche ses traits sur l'armée des Grecs, son bonnet une fois plus renfoncé que de coutume, se promenait en long et en large, le poing sur le menton. Mademoiselle s'approche de moi : « Mais, mademoiselle, qu'est-ce qu'il y a donc d'extraordinaire ? ai-je été différent aujourd'hui de moi-même ? — Je veux qu'il sorte. — Je sortirai. Je ne lui ai pas manqué. — Pardonnez-moi ; on invite monsieur l'abbé, et... — C'est lui qui s'est manqué à lui-même en invitant l'abbé, en me recevant, et avec moi tant d'autres bélîtres. Moi... — Allons, mon petit..., il faut demander pardon à monsieur l'abbé. — Je n'ai

que faire de son pardon. — Allons, allons, tout
cela s'apaisera... » On me prend par la main;
on m'entraîne vers le fauteuil de l'abbé; j'étends
les bras, je contemple l'abbé avec une espèce
d'admiration, car qui est-ce qui a jamais demandé
pardon à l'abbé? « L'abbé, lui dis-je, l'abbé,
tout ceci est bien ridicule, n'est-il pas vrai? »
Et puis je me mets à rire, et l'abbé aussi. Me
voilà donc excusé de ce côté-là; mais il fallait
aborder l'autre, et ce que j'avais à lui dire était
une autre paire de manches. Je ne sais plus trop
comment je lui tournai mon excuse : « Monsieur,
voilà ce fou... — Il y a trop longtemps qu'il me
fait souffrir; je ne veux plus en entendre parler.
— Il est fâché. — Oui, je suis fâché. — Cela
ne lui arrivera plus. — Qu'au premier faquin... »
Je ne sais s'il était dans ces jours d'humeur où
mademoiselle craint d'en approcher, et n'ose le
toucher qu'avec ses mitaines de velours, ou s'il
entendit mal ce que je disais, ou si je dis mal; ce
fut pis qu'auparavant. — Que diable! est-ce qu'il
ne me connaît pas? est-ce qu'il ne sait pas que
je suis comme les enfants, et il y a des circons-
stances où je...? Et puis je crois, Dieu me pardonne, que je n'aurais pas un moment de re-

lâche. On userait un pantin d'acier à tirer la ficelle du matin au soir, et du soir au matin. Il faut que je les désennuie, c'est la condition ; mais il faut que je m'amuse quelquefois. Au milieu de ces imbroglio il me passa par la tête une pensée funeste, une pensée qui me donna de la morgue, une pensée qui m'inspira de la fierté et de l'insolence : c'est qu'on ne pouvait se passer de moi, que j'étais un homme essentiel.

MOI. — Oui, je crois que vous leur êtes très-utile, mais qu'ils vous le sont encore davantage. Vous ne retrouverez pas, quand vous voudrez, une aussi bonne maison ; mais eux, pour un fou qui leur manque, ils en trouveront cent.

LUI. — Cent fous comme moi ! monsieur le philosophe, ils ne sont pas si communs. Oui, des plats fous. On est plus difficile en sottise qu'en talent ou en vertu. Je suis rare dans mon espèce, oui, très-rare. A présent qu'ils ne m'ont plus, que font-ils ? ils s'ennuient comme des chiens. Je suis un sac inépuisable d'impertinences. J'avais à chaque instant une boutade qui les faisait rire aux larmes : j'étais pour eux les Petites-Maisons entières.

MOI. — Aussi vous aviez la table, le lit, l'ha-

bit, veste et culotte, les souliers, et la pistole par
mois.

LUI. — Voilà le beau côté, voilà le bénéfice;
mais des charges, vous n'en dites mot. D'abord,
s'il était bruit d'une pièce nouvelle, quelque temps
qu'il fît, il fallait fureter dans tous les greniers
de Paris, jusqu'à ce que j'en eusse trouvé l'auteur; que je me procurasse la lecture de l'ouvrage, et que j'insinuasse adroitement qu'il y avait
un rôle qui serait supérieurement rendu par
quelqu'un de ma connaissance. « Et par qui,
s'il vous plaît? — Par qui? belle question! ce
sont les grâces, la gentillesse, la finesse. —
Vous voulez dire mademoiselle Dangeville? Par
hasard la connaîtriez-vous? — Oui, un peu; mais
ce n'est pas elle. — Et qui donc? » Je nommais
tout bas... « Elle! — Oui, elle, » répétais-je un
peu honteux, car j'ai quelquefois de la pudeur;
et à ce nom il fallait voir comme la physionomie
du poëte s'allongeait, et d'autres fois comme on
m'éclatait au nez. Cependant, bon gré mal gré
qu'il en eût, il fallait que j'emmenasse mon
homme à dîner; et lui, qui craignait de s'enga-
ger, rechignait, remerciait. Il fallait voir comme
j'étais traité quand je ne réussissais pas dans ma

négociation ! j'étais un butor, un sot, un balourd ;
je n'étais bon à rien ; je ne valais pas le verre
d'eau qu'on me donnait à boire. C'était bien pis
lorsqu'on jouait, et qu'il fallait aller intrépide-
ment, au milieu des huées d'un public qui juge
bien, quoi qu'en en dise, faire entendre mes
claquements de mains isolés, attacher les regards
sur moi; quelquefois dérober les sifflets à l'actrice, et ouïr chuchoter à côté de soi : « C'est un
des valets déguisés de celui qui... Ce maraud-là
se taira-t-il !... » On ignore ce qui peut déter-
miner à cela ; on croit que c'est ineptie, tandis
que c'est un motif qui excuse tout.

MOI. — Jusqu'à l'infraction des lois civiles?

LUI. — A la fin cependant j'étais connu, et
l'on disait : « Oh ! c'est... » Ma ressource était de
jeter quelques mots ironiques qui sauvassent du
ridicule mon applaudissement solitaire, qu'on
interprétait à contre-sens. Convenez qu'il faut un
puissant intérêt pour braver ainsi le public as-
semblé, et que chacune de ces corvées valait
mieux qu'un petit écu?

MOI. — Que ne vous faisiez-vous prêter
main-forte?

LUI. — Cela m'arrivait aussi, et je glanais un

peu là-dessus. Avant que de se rendre au lieu du supplice, il fallait se charger la mémoire des endroits brillants où il importait de donner le ton. S'il m'arrivait de les oublier ou de me méprendre, j'en avais le tremblement à mon retour; c'était un vacarme dont vous n'avez pas l'idée. Et puis à la maison une meute de chiens à soigner; il est vrai que je m'étais sottement imposé cette tâche; des chats dont j'avais la surintendance. J'étais trop heureux si *Micou* me favorisait d'un coup de griffe qui déchirait ma manchette ou ma main. *Criquette* est sujette à la colique; c'est moi qui lui frotte le ventre. Autrefois mademoiselle avait des vapeurs, ce sont aujourd'hui des nerfs. Je ne parle pas d'une indisposition légère dont on ne se gêne point devant moi. Pour ceci, passe, je n'ai jamais prétendu contraindre; j'ai lu... On en use à son aise avec ses familiers, et j'en étais ces jours-là plus que personne. Je suis l'apôtre de la familiarité et de l'aisance; je les prêchais là d'exemple, sans qu'on s'en formalisât; il n'y avait qu'à me laisser aller. Je vous ai ébauché le patron. Mademoiselle commence à devenir pesante, il faut entendre les bons contes qu'ils en font.

MOI. — Vous n'êtes pas de ces gens-là ?

LUI. — Pourquoi non ?

MOI. — C'est qu'il est au moins indécent de donner du ridicule à ses bienfaiteurs.

LUI. — Mais n'est-ce pas pis encore de s'autoriser de ses bienfaits pour avilir son protégé ?

MOI. — Mais si le protégé n'était pas vil par lui-même, rien ne donnerait au protecteur cette autorité.

LUI. — Mais si les personnages n'étaient pas ridicules par eux-mêmes, on n'en ferait pas de bons contes. Et puis est-ce ma faute s'ils s'encanaillent ? est-ce ma faute, lorsqu'ils sont encanaillés, si on les trahit, si on les bafoue ? Quand on se résout à vivre avec des gens comme nous, et qu'on a le sens commun, il y a je ne sais combien de noirceurs auxquelles il faut s'attendre. Quand on nous prend, ne nous connaît-on pas pour ce que nous sommes, pour des âmes intéressées, viles et perfides ? Si l'on nous connaît, tout est bien. Il y a un pacte tacite qu'on nous fera du bien, et que tôt ou tard nous rendrons le mal pour le bien qu'on nous aura fait. Ce pacte ne subsiste-t-il pas entre l'homme et son singe et son perroquet ? Le Brun jette les hauts cris que Palissot, son convive et son ami, ait fait des couplets contre lui. Palissot a dû faire les couplets, et c'est le Brun qui a tort. Poinsinet jette les hauts cris que Palissot ait mis sur son compte les couplets qu'il avait faits contre le Brun. Palissot a dû mettre sur le compte de Poinsinet les couplets qu'il avait faits contre le Brun, et c'est Poinsinet qui a tort. Le petit abbé Rey..... jette les hauts cris de ce que son ami Palissot lui a soufflé sa maîtresse, auprès de laquelle il l'avait introduit : c'est qu'il ne fallait point introduire un Palissot chez sa maîtresse, ou se résoudre à la perdre ; Palissot a fait son devoir, et c'est l'abbé Rey..... qui a tort. Le libraire D*** jette les hauts cris de ce que son associé B*** a pu laisser croire ce qui n'était pas : quoi qu'il en soit, B*** a fait son rôle, et c'est D*** et sa femme qui ont tort. Qu'Helvétius jette les hauts cris, que Palissot le traduise sur la scène comme un malhonnête homme, lui à qui il doit encore l'argent qu'il lui prête pour se faire traiter de sa mauvaise santé, se nourrir et se vêtir ; a-t-il dû se promettre un autre procédé de la part d'un homme souillé de toutes sortes d'infamies, qui par passe-temps fait abjurer la religion à son ami; qui s'empare du bien de ses associés; qui n'a ni foi, ni loi, ni sentiment; qui court à la fortune *per fas et nefas*, qui compte ses jours par ses scélératesses, et qui s'est traduit lui-même sur la scène comme un des plus dangereux coquins; impudence dont je ne crois pas qu'il y eût dans le passé un premier exemple, ni qu'il y en ait un second dans l'avenir? Non. Ce n'est donc pas Palissot, mais c'est Helvétius qui a tort. Si l'on mène un jeune provincial à la ménagerie de Versailles, et qu'il s'avise par sottise de passer la main à travers les barreaux de la loge du tigre ou de la panthère; si le jeune homme laisse son bras dans la gueule de l'animal féroce, qui est-ce qui a tort? Tout cela est écrit dans le pacte tacite; tant pis pour celui qui l'ignore ou l'oublie. Combien je justifierais, par ce pacte universel et sacré, de gens qu'on accuse de méchanceté, tandis que c'est soi qu'on devrait accuser de sottise! Oui, grosse *comtesse*, c'est vous qui avez tort, lorsque vous rassemblez autour de vous ce qu'on appelle parmi les gens de votre sorte des espèces, et que ces espèces vous font des vilenies, vous en font faire, et vous exposent au ressentiment des honnêtes gens. Les

honnêtes gens font ce qu'ils doivent, les espèces
aussi ; et c'est vous qui avez tort de les accueillir.
Si *Bertin* vivait doucement, paisiblement avec sa
maîtresse ; si par l'honnêteté de leurs caractères
ils s'étaient fait des connaissances honnêtes ; s'ils
avaient appelé autour d'eux des hommes à talent,
des gens connus dans la société par leur vertu ;
s'ils avaient réservé pour une petite société
éclairée et choisie les heures de distraction qu'ils
auraient dérobées à la douceur d'être ensemble,
de s'aimer, de se le dire dans le silence de la
retraite, croyez-vous qu'on en eût fait ni bons
ni mauvais contes ? Que leur est-il donc arrivé ?
ce qu'ils méritaient ; ils ont été punis de leur
imprudence, et c'est nous que la Providence avait
destinés de toute éternité à faire justice des *Ber-*
tins du jour, et ce sont nos pareils d'entre nos
neveux qu'elle a destinés à faire justice des M***
et des B*** à venir. Mais, tandis que nous exécu-
tons ses justes décrets sur la sottise, vous qui
nous peignez tels que nous sommes, vous exécu-
tez ses justes décrets sur nous. Que penseriez-
vous de nous si nous prétendions avec des mœurs
honteuses jouir de la considération publique ?
Que nous sommes des insensés. Et ceux qui

s'attendent à des procédés honnêtes de la part des gens nés vicieux, des caractères vils et bas, sont-ils sages ? Tout a son vrai loyer dans ce monde. Il y a deux procureurs généraux, l'un à votre porte, qui châtie les délits contre la société ; la nature est l'autre. Celle-ci connaît tous les vices qui échappent aux lois. Vous vous livrez à la débauche des femmes, vous serez hydropique ; vous êtes crapuleux, vous serez pulmonique ; vous ouvrez votre porte à des marauds et vous vivez avec eux, vous serez trahi, persiflé, méprisé : le plus court est de se résigner à l'équité de ces jugements, et de se dire à soi-même : c'est bien fait ; de secouer ses oreilles et de s'amender, ou de rester ce qu'on est, mais aux conditions susdites.

MOI. — Vous avez raison.

LUI. — Au demeurant, de ces mauvais contes, moi je n'en invente aucun, je m'en tiens au rôle de colporteur. Ils disent qu'il y a quelques jours, sur les cinq heures du matin, on...

MOI. — Vous êtes un polisson. Parlons d'autre chose. Depuis que nous causons, j'ai une question sur la lèvre.

LUI. — Pourquoi l'avoir arrêtée là si long-temps?

MOI. — C'est que j'ai craint qu'elle ne soit in-discrète.

LUI. — Après ce que je viens de vous révéler, j'ignore quel secret je puis avoir pour vous.

MOI. — Vous ne doutez pas du jugement que je porte de votre caractère?

LUI. — Nullement; je suis à vos yeux un être très-abject; très-méprisable; je le suis quel-quefois aux miens, mais rarement; je me félicite plus souvent de mes vices que je ne m'en blâme : vous êtes plus constant dans votre mépris.

MOI. — Il est vrai ; mais pourquoi me mon-trer toute votre turpitude?

LUI. — D'abord, c'est que vous en connaissez une bonne partie, et que je voyais plus à gagner qu'à perdre à vous avouer le reste.

MOI. — Comment cela, s'il vous plaît?

LUI. — S'il importe d'être sublime en quel-ques genres, c'est surtout en mal. On crache sur un petit filou, mais on ne peut refuser une sorte de considération à un grand criminel; son cou-rage vous étonne, son atrocité vous fait frémir. On prise en tout l'unité de caractère.

MOI. — Mais cette estimable unité de caractère vous ne l'avez pas encore; je vous trouve de temps en temps vacillant dans vos principes; il est incertain si vous tenez votre méchanceté de la nature ou de l'étude, et si l'étude vous a porté aussi loin qu'il est possible.

LUI. — J'en conviens; mais j'y ai fait de mon mieux. N'ai-je pas eu la modestie de reconnaître des êtres plus parfaits que moi? ne vous ai-je pas parlé de *Bouret* avec l'admiration la plus profonde? *Bouret* est le premier homme du monde, dans mon esprit.

MOI. — Mais immédiatement après *Bouret*, c'est vous?

LUI. — Non.

MOI. — C'est donc Palissot?

LUI. — C'est Palissot; mais ce n'est pas Palissot seul.

MOI. — Et qui peut être digne de partager le second rang avec lui?

LUI. — Le renégat d'Avignon.

MOI. — Je n'ai jamais entendu parler de ce renégat d'Avignon; mais ce doit être un homme bien étonnant.

LUI. — Aussi l'est-il.

MOI. — L'histoire des grands personnages m'a toujours intéressé.

LUI. — Je le crois bien. Celui-ci vivait chez un bon et honnête de ces descendants d'Abraham, promis au père des croyants en nombre égal à celui des étoiles.

MOI. — Chez un juif?

LUI. — Chez un juif. Il avait d'abord surpris la commisération, ensuite la bienveillance, enfin la confiance la plus entière ; car voilà comme on arrive toujours : nous comptons tellement sur nos bienfaits, qu'il est rare que nous cachions notre secret à celui que nous avons comblé de bontés ; le moyen qu'il n'y ait pas d'ingrats, quand nous exposons l'homme à la tentation de l'être, impunément? C'est une réflexion juste que notre juif ne fit pas. Il confia donc au renégat qu'il ne pouvait en conscience manger du cochon. Vous allez voir tout le parti qu'un esprit fécond sut tirer de cet aveu. Quelques mois se passèrent pendant lesquels notre renégat redoubla d'attention ; quand il crut son juif bien touché, bien captivé, bien convaincu par ses soins qu'il n'avait pas un meilleur ami dans toutes les tribus d'Israël... Admirez la circonscription de cet homme ! il ne se hâte pas, il laisse mûrir la poire avant que de secouer la branche : trop d'ardeur pouvait faire échouer ce projet. C'est qu'ordinairement la grandeur de caractère résulte de la balance naturelle de plusieurs qualités opposées.

MOI. — Eh ! laissez là vos réflexions, continuez-moi votre histoire.

LUI. — Cela ne se peut, il y a des jours où il faut que je réfléchisse ; c'est une maladie, qu'il faut abandonner à son cours. Où en étais-je ?

MOI. — A l'intimité bien établie entre le juif et le renégat.

LUI. — Alors la poire était mûre... Mais vous ne m'écoutez pas, à quoi rêvez-vous ?

MOI. — Je rêve à l'inégalité de votre ton, tantôt haut, tantôt bas.

LUI. — Est-ce que le ton de l'homme vicieux peut-être un ?... Il arrive un soir chez son bon ami, l'air effaré, la voix entrecoupée, le visage pâle comme la mort, tremblant de tous ses membres. « Qu'avez-vous ? — Nous sommes perdus. — Perdus ! et comment ? — Perdus ! vous dis-je, sans ressources. Expliquez-vous. — Un moment, que je me remette de mon effroi.

— Allons, remettons-nous, » lui dit le juif, au lieu de lui dire : Tu es un fieffé fripon; je ne sais ce que tu as à m'apprendre, mais tu es un fieffé fripon, tu joues la terreur.

MOI. — Et pourquoi devait-il lui parler ainsi?

LUI. — C'est qu'il était faux, et qu'il avait passé la mesure; cela est clair pour moi, et ne m'interrompez pas davantage. « Nous sommes perdus,... perdus!... sans ressource!... » Est-ce que vous ne sentez pas l'affectation de ces *perdus* répétés? « Un traître nous a déférés à la Sainte Inquisition, vous comme juif, moi comme un renégat, comme un infâme renégat... » Voyez comme le traître ne rougit pas de se servir des expressions les plus odieuses. Il faut plus de courage qu'on ne pense pour s'appeler de son nom; vous ne savez pas ce qu'il en coûte pour en venir là.

MOI. — Non, certes. Mais cet infâme renégat...

LUI. — Est faux, mais c'est une fausseté bien adroite. Le juif s'effraye, il s'arrache la barbe, il voit les sbires à sa porte, il se voit affublé du san-benito, il voit son *auto-da-fé* préparé. « Mon ami, mon tendre ami, mon unique ami, quel parti prendre? — Quel parti? De se montrer;

d'affecter la plus grande sécurité, de se conduire comme à l'ordinaire. La procédure de ce tribunal est secrète, mais lente ; il faut user de ces délais pour tout vendre. J'irai louer ou je ferai louer un bâtiment par un tiers, oui, par un tiers, ce sera le mieux ; nous y déposerons votre fortune, car c'est à votre fortune principalement qu'ils en veulent ; et nous irons vous et moi, chercher sous un autre ciel la liberté de servir notre Dieu, et de suivre en sûreté la loi d'Abraham et de notre conscience. Le point important, dans la circonstance périlleuse où nous nous trouvons, est de ne point faire d'imprudence... »

Fait et dit. Le bâtiment est loué, et pourvu de vivres et de matelots ; la fortune du juif est à bord ; demain, à la pointe du jour, ils mettent à la voile, ils peuvent souper gaiement et dormir en sûreté ; demain ils échappent à leurs persécuteurs. Pendant la nuit le renégat se lève, dépouille le juif de son portefeuille, de sa bourse et de ses bijoux, se rend à bord, et le voilà parti. Et vous croyez que c'est là tout ? bon ! vous n'y êtes pas. Lorsqu'on me raconta cette histoire, moi je devinai ce que je vous ai tû pour essayer votre sagacité. Vous avez bien fait d'être un honnête homme, vous n'auriez été qu'un friponneau. Jusqu'ici le renégat n'est que cela, c'est un coquin méprisable à qui personne ne voudrait ressembler. Le sublime de 'la méchanceté, c'est d'avoir été lui-même le délateur de son bon ami l'israélite, et dont la Sainte Inquisition s'empara à son réveil, et dont, quelques jours après, on fit un beau feu de joie. Et ce fut ainsi que le renégat devint tranquille possesseur de la fortune de ce descendant maudit de ceux qui ont crucifié Notre Seigneur.

MOI. — Je ne sais lequel des deux me fait le plus d'horreur, ou de la scélératesse de votre renégat, ou du ton dont vous en parlez.

LUI. — Et voilà ce que je vous disais : l'atrocité de l'action vous porte au delà du mépris, et c'est la raison de ma sincérité. J'ai voulu que vous connussiez jusqu'où j'excellais dans mon art, vous arracher l'aveu que j'étais au moins original dans mon avilissement, me placer dans votre tête sur la ligne des grands vauriens, et m'écrier ensuite : *Vivat Mascarillus, fourborum imperator!* Allons, gai! monsieur le philosophe, chorus! *Vivat Mascarillus, fourborum imperator!*

Et là-dessus il se mit à faire un chant en fugue tout à fait singulier; tantôt la mélodie était grave et pleine de majesté, tantôt légère et folâtre; dans un instant il imitait la basse, dans un autre une partie du dessus, il m'indiquait de ses bras et de son cou allongé les endroits des tenues, et s'exécutait, se composait à lui-même un chant de triomphe, où l'on voyait qu'il s'entendait mieux en bonne musique qu'en bonnes mœurs.

Je ne savais, moi, si je devais rester ou fuir, rire ou m'indigner; je restai, dans le dessein de tourner la conversation sur quelque sujet qui chassât de mon âme l'horreur dont elle était remplie. Je commençais à supporter avec peine la présence d'un homme qui discutait une action horrible, un exécrable forfait, comme un connaisseur en peinture ou en poésie examine les beautés d'un ouvrage de goût, ou comme un moraliste ou un historien relève et fait éclater les circonstances d'une action héroïque. Je devins sombre malgré moi; il s'en aperçut, et me dit :

— Qu'avez-vous? Est-ce que vous vous trouvez mal?

MOI: — Un peu, mais cela se passera.

LUI. — Vous avez l'air soucieux d'un homme tracassé de quelque idée soucieuse.

MOI. — C'est cela...

Après un moment de silence de sa part et de la mienne, pendant lequel il se promenait en sifflant et en chantant, pour le ramener à son talent je lui dis : Que faites-vous à présent?

LUI. — Rien.

MOI. — Cela est très-fatigant.

LUI. — J'étais déjà suffisamment bête ; j'ai été entendre cette musique de Duni et de nos autres jeunes faiseurs, qui m'a achevé.

MOI. — Vous approuvez donc ce genre ?

LUI. — Sans doute.

MOI. — Et vous trouvez de la beauté dans ces nouveaux chants?

LUI — Si j'y en trouve! pardieu, je vous en réponds. Comme cela est déclamé! quelle vérité! quelle expression !

MOI. — Tout art d'imitation a son modèle dans la nature. Quel est le modèle du musicien quand il fait un chant?

LUI. — Pourquoi ne pas prendre la chose de plus haut? Qu'est-ce qu'un chant?

MOI. — Je vous avouerai que cette question

est au-dessus de mes forces. Voilà comme nous sommes tous: nous n'avons dans la mémoire que des mots, que nous croyons entendre par l'usage fréquent et l'application même juste que nous en faisons ; dans l'esprit que de notions vagues! Quand je prononce le mot *chant,* je n'ai pas des notions plus nettes que vous et la plupart de vos semblables, quand ils disent : *réputation, blâme, honneur, vice, vertu, pudeur, décence, honte, ridicule.*

LUI. — Le chant est une imitation, par les sons, d'une échelle inventée par l'art ou inspirée par la nature, comme il vous plaira, ou par la voix ou par l'instrument, des bruits physiques ou des accents de la passion, et vous voyez qu'en changeant là-dedans les choses à changer, la définition conviendrait exactement à la peinture, à l'éloquence, à la sculpture et à la poésie. Maintenant, pour en venir à votre question, quel est le modèle du musicien ou du chant? C'est la déclamation, si le modèle est vivant et puissant ; c'est le bruit, si le modèle est inanimé. Il faut considérer la déclamation comme une ligne, et le chant comme une autre ligne qui serpenterait sur la première. Plus cette déclamation, type du

chant, sera forte et vraie, plus le chant qui s'y
conforme la coupera en plus grand nombre de
points; plus le chant sera vrai, et plus il sera
beau; et c'est ce qu'ont très-bien senti nos jeunes
mucisiens. Quand on entend, *Je suis un pauvre
diable*, on croit reconnaître la plainte d'un avare;
s'il ne chantait pas, c'est sur les mêmes tons
qu'il parlerait à la terre quand il lui confie son
or, et qu'il lui dit : *O terre, reçois mon trésor*.
Et cette petite fille qui sent palpiter son cœur,
qui rougit, qui se trouble, et qui supplie monseigneur de la laisser partir, s'exprimerait-elle
autrement? Il y a dans ces ouvrages toutes sortes
de caractères, une variété infinie de déclamation :
cela est sublime, c'est moi qui vous le dis. Allez,
allez entendre le morceau où le jeune homme qui
se sent mourir s'écrie : *Mon cœur s'en va!* Écoutez le chant, écoutez la symphonie, et vous me
direz après quelle différence il y a entre les vraies
voix d'un moribond et le tour de ce chant; vous
verrez si la ligne de la mélodie ne coïncide pas
tout entière avec la ligne de la déclamation. Je
ne vous parle pas de la mesure, qui est encore
une des conditions du chant; je m'en tiens à
l'expression, et il n'y a rien de plus évident que

le passage suivant, que j'ai lu quelque part : *Musices seminarium accentus*, l'accent est la pépinière de la mélodie. Jugez de là de quelle difficulté et de quelle importance il est de savoir bien faire le récitatif! Il n'y a point de bel air dont on ne puisse faire un beau récitatif, et point de beau récitatif dont un habile homme ne puisse faire un bel air. Je ne voudrais pas assurer que celui qui récite bien chantera bien ; mais je serais surpris que celui qui chante bien ne sût pas bien réciter. Et croyez tout ce que je vous dis là, car c'est le vrai.

MOI. — Je ne demanderais pas mieux que de vous en croire, si je n'étais arrêté par un petit inconvénient.

LUI. — Et cet inconvénient?

MOI. — C'est que si cette musique est sublime, il faut que celle du divin Lulli, de Campra, de Destouche, de Mouret, et même, soit dit entre nous, celle du cher maître, soit un peu plate.

LUI, s'approchant de mon oreille, me répondit : — Je ne voudrais pas être entendu, car il y a ici beaucoup de gens qui me connaissent : c'est qu'elle l'est aussi. Ce n'est pas que je me soucie du cher maître, puisque *cher* il y a ; c'est

une pierre, il me verrait tirer la langue d'un pied
qu'il ne me donnerait pas un verre d'eau. Mais
il a beau faire, à l'octave, à la septième : *Hon,
hon; hin, hin; tu, tu, tu,* turlututu, avec un
charivari de diable; ceux qui commencent à s'y
connaître, et qui ne prennent plus du tintamarre
pour de la musique, ne s'accommoderont jamais
de cela. On devait défendre par une ordonnance
de police, à toute personne, de quelque qualité
ou condition qu'elle fût, de faire chanter le
Stabat de Pergolèse. Ce *Stabat,* il fallait le faire
brûler par la main du bourreau! Ma foi, ces
maudits bouffons, avec leur *Servante maîtresse,*
leur *Tracallo,* nous en ont donné rudement...
Autrefois un *Tancrède,* une *Issé*[1], une *Europe
galante,* les *Indes, Castor,* les *Talents lyriques*[2],
allaient à quatre, cinq, six mois; on ne voyait
pas la fin des représentations d'une *Armide*[3]. A
présent, tout cela vous tombe les uns sur les
autres comme des capucins de cartes. Aussi
Rebel et Francœur[4] en jettent-ils feu et flamme.

---

[1] Opéras de Destouches.
[2] Opéras et Ballet de Rameau.
[3] De Lulli.
[4] Directeurs de l'orchestre de l'Opéra.

Ils disent que tout est perdu, qu'ils sont ruinés, et que si l'on tolère plus longtemps cette canaille chantante de la foire, la musique nationale est au diable, et que, l'Académie royale du cul-de-sac n'a qu'à fermer boutique. Il y a bien quelque chose de vrai là-dedans. Les vieilles perruques qui viennent là, depuis trente à quarante ans, tous les vendredis, au lieu de s'amuser comme ils ont fait par le passé, s'ennuient et bâillent sans trop savoir pourquoi; ils se le demandent et ne sauraient se répondre. Que ne s'adressent-ils à moi ! La prédiction de Duni s'accomplira ; et, du train que cela prend, je veux mourir si dans quatre ou cinq ans, à dater du *Peintre amoureux de son modèle,* il y a un chat à ferrer dans le célèbre impasse. Les bonnes gens ! ils ont renoncé à leurs symphonies pour jouer des symphonies italiennes. Ils ont cru qu'ils feraient leurs oreilles à celle-ci, sans conséquence pour leur musique vocale; comme si la symphonie n'était pas au chant, à un peu de libertinage près inspiré par l'étendue de l'instrument et la mobilité des doigts, ce que le chant est à la déclamation réelle; comme si le violon n'était pas le singe du chanteur, qui deviendra un jour, lorsque le difficile prendra la place du beau, le singe du violon. Le premier qui joua Locatelli fut l'apôtre de la nouvelle musique. A d'autres, à d'autres ! on nous accoutumera à l'imitation des accents de la passion ou des phénomènes de la nature par le chant et la voix, par l'instrument, car voilà toute l'étendue de l'objet de la musique ; et nous conserverons notre goût pour les vols, les lancés, les gloires, les triomphes, les victoires ? Va-t'en voir s'ils viennent, Jean. Ils ont imaginé qu'ils pleureraient ou riraient à des scènes de tragédie ou de comédie musiquées ; qu'on porterait à leurs oreilles les accents de la fureur, de la haine, de la jalousie, les vraies plaintes de l'amour, les ironies, les plaisanteries du théâtre italien ou français, et qu'ils resteraient admirateurs de *Ragonde*[1] ou de *Platée*[2] (je t'en réponds, Tarare, pompon) ; qu'ils éprouveraient sans cesse avec quelle facilité, quelle flexibilité, quelle mollesse, l'harmonie, la prosodie, les ellipses, les inversions de la langue italienne se prêtaient à l'art, au mouvement, à l'expression, aux tours et à la

[1] Opéra de Mouret.
[2] Opéra de Rameau.

valeur mesurée du chant, et qu'ils continueraient d'ignorer combien la leur est roide, sourde, lourde, pesante, pédantesque et monotone. Eh! oui, oui; ils se sont persuadé qu'après avoir mêlé leurs larmes aux pleurs d'une mère qui se désole sur la mort de son fils, après avoir frémi de l'ordre d'un tyran qui ordonne un meurtre, ils ne s'ennuieraient pas de leur féerie, de leur insipide mythologie, de leurs petits madrigaux doucereux qui ne marquent pas moins le mauvais goût du poëte que la misère de l'art qui s'en accommode. Les bonnes gens! cela n'est pas et ne peut être; le vrai, le bon et le beau ont leurs droits : on les conteste, mais on finit par admirer; ce qui n'est pas marqué à ce coin, on l'admire un temps, mais on finit par bâiller. Bâillez donc, messieurs, bâillez à votre aise, ne vous gênez pas. L'empire de la nature et de ma trinité, contre laquelle les portes de l'enfer ne prévaudront jamais, le vrai qui est le Père, et qui engendre le bon qui est le Fils, d'où procède le beau qui est le Saint-Esprit, s'établit doucement. Le dieu étranger se place humblement sur l'autel à côté de l'idole du pays; peu à peu il s'y affermit; un beau jour il pousse du coude son camarade, et patatras! voilà l'idole en bas. C'est comme cela qu'on dit que les Jésuites ont planté le christianisme à la Chine et aux Indes; et nos Jansénistes ont beau dire, cette méthode politique qui marche à son but sans bruit, sans effusion de sang, sans martyres, sans un toupet de cheveux arraché, me semble la meilleure.

MOI. — Il y a de la raison à peu près dans tout ce que vous venez de dire.

LUI. — De la raison! tant mieux. Je veux que le diable m'emporte si j'y tâche. Cela va comme je te pousse. Je suis comme les musiciens de l'impasse quand mon maître parut. Si j'adresse, à la bonne heure. C'est qu'un garçon charbonnier parlera toujours mieux de son métier que toute une académie, que tous les Duhamel du monde[1]...

(Et puis le voilà qui se met à se promener, en murmurant dans son gosier quelques-uns des airs de l'*Ile des fous*, du *Peintre amoureux de son modèle*, du *Maréchal-ferrant*, de la *Plaideuse*[2]; et de temps en temps il s'écriait, en levant les mains et les yeux au ciel : « Si cela est beau, mordieu !

[1] Membre de l'Académie des sciences. Un des plus grands savants du dix-huitième siècle; né en 1700, mort en 1782.
[2] Opéras de Duni.

si cela est beau ! Comment peut-on porter à sa
tête une paire d'oreilles, et faire une pareille question ? » Il commençait à entrer en passion et à
chanter tout bas, il élevait le ton à mesure qu'il
se passionnait davantage ; vinrent ensuite les
gestes, les grimaces du visage et les contorsions
du corps ; et je dis : « Bon ! voilà la tête qui se perd,
et quelque scène nouvelle qui se prépare... » En
effet, il part d'un éclat de voix : « Je suis *un*
pauvre misérable... Monseigneur, monseigneur,
laissez-moi partir... O terre, reçois mon or, con-
serve mon trésor, mon âme, mon âme, ma vie ! O
terre !... Le voilà le petit ami, le voilà le petit
ami ! Aspettar si non venire... A Zerbina pense-
rete... sempre in contrasti con te si sta... » Il en-
tassait et brouillait ensemble trente airs italiens,
français, tragiques, comiques, de toutes sortes
de caractères. Tantôt avec une voix de basse-taille
il descendait jusqu'aux enfers, tantôt, s'égosillant
et contrefaisant le fausset, il déchirait le haut des
airs ; imitant, de la démarche, du maintien, du
geste, les différents personnages chantants ; successivement furieux, radouci, impérieux, ricaneur.
Ici c'est une jeune fille qui pleure, et il en rend
toute la minauderie ; là il est prêtre, il est roi, il

est tyran; il menace, il commande, il s'emporte;
il est esclave, il obéit; il s'apaise, il se désole,
il se plaint, il rit; jamais hors de ton, de mesure,
du sens des paroles ni du caractère de l'air. Tous
les pousse-bois avaient quitté leurs échiquiers et
s'étaient rassemblés autour de lui; les fenêtres
du café étaient occupées en dehors par les passants qui s'étaient arrêtés au bruit. On faisait des
éclats de rire à entr'ouvrir le plafond. Lui n'apercevait rien; il continuait, saisi d'une aliénation
d'esprit, d'un enthousiasme si voisin de la folie,
qu'il est incertain qu'il en revienne et s'il ne faudra
pas le jeter dans un fiacre et le mener droit aux
Petites-Maisons. En chantant un lambeau des *Lamentations* de Jomelli, il répétait avec une précision, une vérité et une chaleur incroyables les
plus beaux endroits de chaque morceau : ce beau
récitatif obligé où le prophète peint la désolation
de Jérusalem, il l'arrosa d'un torrent de larmes
qui en arrachèrent de tous les yeux. Tout y était,
et la délicatesse du chant, et la force de l'expression, et la douleur. Il insistait sur les endroits où
le musicien s'était particulièrement montré un
grand maître. S'il quittait la partie du chant, c'était pour prendre celle des instruments, qu'il lais-

sait subitement pour revenir à la voix, entrelaçant l'une à l'autre de manière à conserver les liaisons et l'unité du tout, s'emparant de nos âmes, et les tenant suspendues dans la situation la plus singulière que j'aie jamais éprouvée. Admirais-je? oui, j'admirais. Étais-je touché de pitié? j'étais touché de pitié; mais une teinte de ridicule était fondue dans ces sentiments, et les dénaturait.

Mais vous vous seriez échappé en éclats de rire à la manière dont il contrefaisait les différents instruments; avec des joues renflées et bouffies, et un son rauque et sombre, il rendait les cors et les bassons; il prenait un son éclatant et nasillard pour les hautbois, précipitant sa voix avec une rapidité incroyable pour les instruments à cordes, dont il cherchait les sons les plus approchés; il sifflait les petites flûtes, il roucoulait les traversières; criant, chantant, se démenant comme un forcené, faisant à lui seul les danseurs, les danseuses, les chanteurs, les chanteuses, tout un orchestre, tout un théâtre lyrique, et se divisant en vingt rôles divers; courant, s'arrêtant avec l'air d'un énergumène, étincelant des yeux, écumant de la bouche. Il faisait une chaleur à périr, et la sueur qui suivait les plis de son front et la longueur de ses joues se mêlait à la poudre de ses cheveux, ruisselait et sillonnait le haut de son habit. Que ne lui vis-je pas faire? Il pleurait, il riait, il soupirait, il regardait ou attendri, ou tranquille, ou furieux : c'était une femme qui se pâme de douleur, c'était un malheureux livré à tout son désespoir; un temple qui s'élève; des oiseaux qui se taisent au soleil couchant; des eaux ou qui murmurent dans un lieu solitaire et frais, ou qui descendent en torrent du haut des montagnes; un orage, une tempête, la plainte de ceux qui vont périr, mêlée au sifflement des vents, au fracas du tonnerre. C'était la nuit avec ses ténèbres, c'était l'ombre et le silence, car le silence même se peint par des sons. Sa tête était tout à fait perdue. Épuisé de fatigue, tel qu'un homme qui sort d'un profond sommeil ou d'une longue distraction, il resta immobile, stupide, étonné; il tournait ses regards autour de lui comme un homme égaré qui cherche à reconnaître le lieu où il se trouve; il attendait le retour de ses forces et de ses esprits; il essuyait machinalement son visage. Semblable à celui qui verrait à son réveil son lit environné d'un grand nombre de personnes, dans un entier oubli ou dans une profonde ignorance de ce qu'il a fait, il s'écria dans le premier moment : « Eh bien ! messieurs, qu'est-ce qu'il y a ?... D'où viennent vos ris et votre surprise ? Qu'est-ce qu'il y a ?... » Ensuite il ajouta : « Voilà ce qu'on doit appeler de la musique et un musicien ! Cependant, messieurs, il ne faut pas mépriser certains airs de Lulli. Qu'on fasse mieux la scène de *J'attendrai l'aurore...*, sans changer les paroles, j'en défie. Il ne faut pas mépriser quelques endroits de Campra, les airs de violon de mon maître, ses gavottes, ses entrées de soldats, de prêtres, de sacrificateurs ; *Pâles flambeaux, Nuit plus affreuse que les ténèbres..., Dieu du Tartare, dieu de l'oubli...* » Là il enflait sa voix, il soutenait ses sons ; les voisins se mettaient aux fenêtres, nous mettions nos doigts dans nos oreilles. Il ajoutait : « C'est qu'ici il faut des poumons, un grand organe, un volume d'air. Mais, avant peu, serviteur à l'Assomption ! le Carême et les Rois sont passés. Ils ne savent pas encore ce qu'il faut mettre en musique, ni par conséquent ce qui convient au musicien. La poésie lyrique est encore à naître ; mais ils y viendront à force d'entendre Pergolèse, le Saxon, Terradeglias, Traetta et les autres ; à force de lire Métastase, il faudra bien qu'ils y viennent.

MOI. — Quoi donc ! est-ce que Quinault, La-
motte, Fontenelle, n'y ont rien entendu ?

LUI. — Non, pour le nouveau style. Il n'y a
pas six vers de suite, dans tous leurs charmants
poëmes, qu'on puisse musiquer. Ce sont des
sentences ingénieuses, des madrigaux légers,
tendres et délicats. Mais pour savoir combien
cela est vide de ressources pour notre art, le
plus violent de tous, sans en excepter celui de
Démosthènes, faites-vous réciter ces morceaux :
ils vous paraîtront froids, languissants, mono-
tones. C'est qu'il n'y a rien là qui puisse servir
de modèle au chant; j'aimerais autant avoir à
musiquer les Maximes de la Rochefoucauld ou
les Pensées de Pascal. C'est au cri animal de la
passion à dicter la ligne qui nous convient; il
faut que ses expressions soient pressées les unes
sur les autres; il faut que la phrase soit courte,
que le sens en soit coupé, suspendu; que le musicien puisse disposer de tout et de chacune de
ses parties, en omettre un mot ou le répéter, y
en ajouter une qui lui manque, la tailler et re-
tailler comme un polype, sans la détruire; ce
qui rend la poésie lyrique française beaucoup
plus difficile que dans les langues à inversions,

qui présentent d'elles-mêmes tous ces avantages...
*Barbare, cruel, plonge ton poignard dans mon
sein ; me voilà prête à recevoir le coup fatal ;
frappe, ose... Ah ! je languis, je meurs... un feu
secret s'allume dans mes sens... Cruel Amour,
que veux-tu de moi?... Laisse-moi la douce paix
dont j'ai joui... rends-moi la raison...* Il faut que
les passions soient fortes ; la tendresse du musicien et du poëte lyrique doit être extrême ; l'air
est presque toujours la péroraison de la scène.
Il nous faut des exclamations, des interjections,
des suspensions, des interruptions, des affirmations, des négations ; nous appelons, nous invo-
quons, nous crions, nous gémissons, nous pleu-
rons, nous rions franchement. Point d'esprit,
point d'épigrammes, point de ces jolies pensées ;
cela est trop loin de la simple nature. Et n'allez
pas croire que le jeu des acteurs de théâtre et
leur déclamation puissent nous servir de modèles. Fi donc ! il nous le faut plus énergique,
moins maniéré, plus vrai ; les discours simples,
les voix communes de la passion nous sont d'autant plus nécessaires que la langue sera plus
monotone, n'aura point d'accents ; le cri animal
ou de l'homme passionné leur en donne.

Tandis qu'il me parlait ainsi, la foule qui nous environnait, ou n'entendant rien, ou prenant peu d'intérêt à ce qu'il disait, parce qu'en général l'enfant comme l'homme, et l'homme comme l'enfant, aime mieux s'amuser que s'instruire, s'était retirée; chacun était à son jeu, et nous étions restés seuls dans notre coin. Assis sur une banquette, la tête appuyée contre le mur, les bras pendants, les yeux à demi fermés, il me dit:

— Je ne sais ce que j'ai : quand je suis venu ici, j'étais frais et dispos, et me voilà roué, brisé, comme si j'avais fait dix lieues ; cela m'a pris subitement.

MOI. — Voulez-vous vous rafraîchir ?

LUI. — Volontiers. Je me sens enroué, les forces me manquent, et je souffre un peu de la poitrine. Cela m'arrive presque tous les jours comme cela, sans que je sache le pourquoi.

MOI. — Que voulez-vous ?

LUI. — Ce qui vous plaira ; je ne suis pas difficile : l'indigence m'a appris à m'accommoder de tout.

On nous servit de la bière, de la limonade ; il en remplit un grand verre qu'il vide deux ou trois fois ; puis, comme un homme ranimé, il tousse fortement, il se démène, il reprend :

— Mais à votre avis, seigneur philosophe, n'est-ce pas une bizarrerie bien étrange qu'un étranger, un italien, un Duni, vienne nous apprendre à donner l'accent à notre musique, et assujettir notre chant à tous les mouvements, à toutes les mesures, à tous les intervalles, à toutes les déclamations, sans blesser la prosodie? Ce n'était pas pourtant la mer à boire. Quiconque avait écouté un gueux lui demander l'aumône dans la rue, un homme dans le transport de la colère, une femme jalouse et furieuse, un amant désespéré, un flatteur, oui, un flatteur, radoucissant son ton, traînant ses syllabes d'une voix mielleuse, en un mot une passion, n'importe laquelle, pourvu que par son énergie elle méritât de servir de modèle au musicien, aurait dû s'apercevoir de deux choses : l'une, que les syllabes longues ou brèves n'ont aucune durée fixe, pas même de rapport déterminé entre leurs durées ; que la passion dispose de la prosodie presque comme il lui plait, qu'elle exécute les plus grands intervalles, et que celui qui s'écrie dans le fort de sa douleur : Ah! malheureux que je suis !

monte la syllabe d'exclamation au ton le plus
élevé et le plus aigu, et descend les autres au
ton le plus grave et le plus bas, faisant l'octave
ou même un plus grand intervalle, et donnant à
chaque passion la quantité qui convient au tour
de la mélodie, sans que l'oreille soit offensée,
sans que ni la syllabe longue ni la syllabe brève
aient conservé la longueur ou la brièveté du
discours tranquille. Quel chemin nous avons fait
depuis le temps où nous citions la parenthèse
d'Armide : le *Vainqueur de Renaud, si quelqu'un
le peut être*, l'*Obéissons sans balancer*, des *Indes*
galantes, comme des prodiges de déclamation
musicale ! A présent ces prodiges là me font hausser les épaules de pitié. Du train dont l'art s'avance,
je ne sais où il aboutira. En attendant, buvons un
coup.

Il en but deux, trois, sans savoir ce qu'il faisait.
Il allait se noyer comme il s'était épuisé, sans
s'en apercevoir, si je n'avais déplacé la bouteille
qu'il cherchait, de distraction. Alors je lui dis :

— Comment se fait-il qu'avec un tact aussi fin,
une si grande sensibilité pour les beautés de l'art
musical, vous soyez aussi aveugle en morale,
aussi insensible aux charmes de la vertu ?

LUI. — C'est apparemment qu'il y a pour cela un sens que je n'ai pas, une fibre qui ne m'a point été donnée, une fibre lâche qu'on a beau pincer et qui ne vibre pas; ou peut-être que j'ai toujours vécu avec de bons musiciens et de méchantes gens, d'où il est arrivé que mon oreille est devenue très-fine et que mon cœur est devenu sourd. Et puis c'est qu'il y avait quelque chose de vrai... le sang... Mon sang est le même que celui de mon père; la molécule paternelle était dure et obtuse, et cette maudite molécule première s'est assimilé tout le reste.

MOI. — Aimez-vous votre enfant?

LUI. — Si je l'aime, le petit sauvage! j'en suis fou.

MOI. — Est-ce que vous ne vous occuperez pas sérieusement d'arrêter en lui l'effet de la maudite molécule paternelle?

LUI. — J'y travaillerais, je crois, bien inutilement. S'il est destiné à devenir un homme de bien, je n'y nuirai pas; mais si la molécule voulait qu'il fût un vaurien comme son père, les peines que j'aurais prises pour en faire un homme honnête lui seraient très-nuisibles. L'éducation croisant sans cesse la pente de la molécule, il serait tiré comme par deux forces contraires, et marcherait de guingois dans le chemin de la vie, comme j'en vois une infinité également gauches dans le bien et dans le mal.

C'est ce que nous appelons des espèces, de toutes les épithètes la plus redoutable, parce qu'elle marque la médiocrité et le dernier degré du mépris. Un grand vaurien est un grand vaurien, mais n'est point une espèce. Avant que la molécule paternelle n'eût repris le dessus, et ne l'eût amené à la parfaite abjection où j'en suis, il lui faudrait un temps infini ; il perdrait ses plus belles années. Je n'y fais rien à présent, je le laisse venir, je l'examine. Il est déjà gourmand, patelin, fourbe, paresseux, menteur ; je crains bien qu'il ne chasse de race.

MOI. — Et vous en ferez un musicien, afin qu'il ne manque rien à la ressemblance ?

LUI. — Un musicien ! un musicien ! Quelquefois je le regarde en grinçant les dents, et je dis : Si tu devais savoir une note, je crois que je te tordrais le cou.

MOI. — Et pourquoi cela, s'il vous plaît ?

LUI. — Cela ne mène à rien.

MOI. — Cela mène à tout.

LUI. — Oui, quand on excelle ; mais qu'est-ce qui peut se promettre de son enfant qu'il excellera ? Il y a dix mille à parier contre un qu'il ne sera qu'un misérable racleur de cordes comme moi. Savez-vous qu'il serait peut-être plus aisé de trouver un enfant propre à gouverner un royaume, à faire un grand roi, qu'un grand violon ?

MOI. — Il me semble que les talents agréables, même médiocres, chez un peuple sans mœurs, perdu de débauche et de luxe, avancent rapidement un homme dans le chemin de la fortune.

LUI. — Sans doute, de l'or, de l'or ; l'or est tout, et le reste sans or n'est rien. Aussi, au lieu de lui farcir la tête de belles maximes qu'il faudrait qu'il oubliât, sous peine de n'être qu'un gueux, lorsque je possède un louis, ce qui ne m'arrive pas souvent, je me plante devant lui. Je tire le louis de ma poche, je le lui montre avec admiration, je lève les yeux au ciel, je baise le louis devant lui ; et, pour lui faire entendre mieux encore l'importance de la pièce sacrée, je lui bégaye de la voix, je lui désigne du doigt tout ce qu'on en peut acquérir : un beau fourreau, un beau toquet, un bon biscuit ; ensuite je mets le louis dans ma poche, je me promène avec fierté, je relève la basque de ma veste, je frappe de la main sur mon gousset; et c'est ainsi que je lui fais concevoir que c'est du louis qui est là que naît l'assurance qu'il me voit.

MOI. — On ne peut rien de mieux; mais s'il arrivait que, profondément pénétré de la valeur du louis, un jour...

LUI. — Je vous entends. Il faut fermer les yeux là-dessus, il n'y a point de principe de morale qui n'ait son inconvénient. Au pis aller, c'est un mauvais quart d'heure, et tout est fini.

MOI. — Même d'après des vues si courageuses et si sages, je persiste à croire qu'il serait bon d'en faire un musicien. Je ne connais pas de moyen d'approcher plus rapidement des grands, de mieux servir leurs vices et de mettre à profit les siens.

LUI. — Il est vrai; mais j'ai des projets d'un succès plus prompt et plus sûr. Ah! si c'était aussi bien une fille! Mais, comme on ne fait pas ce qu'on veut, il faut prendre ce qui vient, en tirer le meilleur parti, et pour cela ne pas donner bêtement, comme la plupart des pères qui ne feraient rien de pis quand ils auraient

médité le malheur de leurs enfants, l'éducation
de Lacédémone à un enfant destiné à vivre à
Paris. Si elle est mauvaise, c'est la faute des
mœurs de ma nation, et non la mienne; en ré-
pondra qui pourra. Je veux que mon fils soit
heureux, ou, ce qui revient au même, honoré,
riche et puissant. Je connais un peu les voies les
plus faciles d'arriver à ce but, et je les lui en-
seignerai de bonne heure. Si vous me blâmez,
vous autres sages, la multitude et le succès
m'absoudront. Il aura de l'or, c'est moi qui vous
le dis. S'il en a beaucoup, rien ne lui manquera,
pas même votre estime et votre respect.

MOI. — Vous pourriez vous tromper.

LUI. — Ou il s'en passera, comme bien d'autres...

Il y avait dans tout cela beaucoup de ces choses
qu'on pense, d'après lesquelles on se conduit,
mais qu'on ne dit pas. Voilà, en vérité, la différence la plus marquée entre mon homme et la
plupart de nos entours : il avouait les vices qu'il
avait, que les autres ont; mais il n'était pas
hypocrite. Il n'était ni plus ni moins abominable
qu'eux; il était seulement plus franc et plus conséquent, et quelquefois profond dans la dépra-

vation. Je tremblais de ce que son enfant deviendrait sous un pareil maître. Il est certain que, d'après des idées d'institution aussi strictement calquées sur nos mœurs, il devait aller loin, à moins qu'il ne fût prématurément arrêté en chemin.

LUI. — Oh! ne craignez rien : le point important, le point difficile auquel un bon père doit s'attacher, ce n'est pas de donner à son enfant des vices qui l'enrichissent, des ridicules qui le rendent précieux aux grands : tout le monde le fait, sinon de système comme moi, au moins d'exemple et de leçon ; mais de lui marquer la juste mesure, l'art d'esquiver à la honte, au déshonneur et aux lois : ce sont des dissonances dans l'harmonie sociale qu'il faut savoir placer, préparer et sauver. Rien de si plat qu'une suite d'accords parfaits ; il faut quelque chose qui pique, qui sépare le faisceau et qui en éparpille les rayons.

MOI: — Fort bien ; par cette comparaison vous me ramenez des mœurs à la musique, dont je m'étais écarté malgré moi, et je vous en remercie ; car, à ne vous rien celer, je vous aime mieux musicien que moraliste.

LUI. — Je suis pourtant bien subalterne en musique, et bien supérieur en morale.

MOI. — J'en doute ; mais quand cela serait, je suis un bon homme, et vos principes ne sont pas les miens.

LUI. — Tant pis pour vous. Ah ! si j'avais vos talents !...

MOI. — Laissons là mes talents, et revenons aux vôtres.

LUI. — Si je savais m'énoncer comme vous !... Mais j'ai un diable de ramage saugrenu, moitié des gens du monde et de lettres, moitié de la halle.

MOI. — Je parle mal ; je ne sais que dire la vérité, et cela ne prend pas toujours, comme vous savez.

LUI. — Mais ce n'est pas pour dire la vérité ; au contraire, c'est pour bien dire le mensonge que j'ambitionne votre talent. Si je savais écrire, fagoter un livre, tourner une épître dédicatoire, bien enivrer un sot de son mérite, m'insinuer auprès des femmes !...

MOI. — Et tout cela vous le savez mille fois mieux que moi ; je ne serais pas même digne d'être votre écolier.

LUI. — Combien de grandes qualités perdues, et dont vous ignorez le prix!

MOI. — Je recueille tout celui que j'y mets.

LUI. — Si cela était, vous n'auriez pas cet habit grossier, cette veste d'étamine, ces bas de laine, ces souliers épais, et cette antique perruque.

MOI. — D'accord; il faut être bien maladroit quand on n'est pas riche, et que l'on se permet tout pour le devenir; mais c'est qu'il y a des gens comme moi qui ne regardent pas la richesse comme la chose du monde la plus précieuse : gens bizarres.

LUI. — Très-bizarres : on ne naît point avec cette tournure d'esprit-là; on se la donne, car elle n'est pas dans la nature...

MOI. — De l'homme?

LUI. — De l'homme : tout ce qui vit, sans l'en excepter, cherche son bien-être aux dépens de qui il appartiendra; et je suis sûr que si je laissais venir le petit sauvage sans lui parler de rien, il voudrait être richement vêtu, splendidement nourri, chéri des hommes, aimé des femmes, et rassembler sur lui tous les bonheurs de la vie.

MOI. — Si le petit sauvage était abandonné à

lui-même, qu'il conservât toute son imbécillité, et qu'il réunît au peu de raison de l'enfant au berceau la violence des passions de l'homme de trente ans, il tordrait le cou à son père, et coucherait avec sa mère.

LUI. — Cela prouve la nécessité d'une bonne éducation. Et qui est-ce qui l'a contestée? Et qu'est-ce qu'une bonne éducation, sinon celle qui conduit à toutes sortes de jouissances sans péril et sans inconvénient?

MOI. — Peu s'en faut que je ne sois de votre avis; mais gardons-nous de nous expliquer.

LUI. — Pourquoi?

MOI. — C'est que je crains que nous ne soyons d'accord qu'en apparence, et que si nous entrons une fois dans la discussion des périls et des inconvénients à éviter, nous ne nous entendions plus.

LUI. — Et qu'est-ce que cela fait?

MOI. — Laissons cela, vous dis-je; ce que je sais là-dessus, je ne vous l'apprendrais pas; et vous m'instruirez plus aisément de ce que j'ignore et de ce que vous savez en musique. Cher musicien, parlons musique, et dites-moi comment il est arrivé qu'avec la facilité de sentir, de retenir et de rendre les plus beaux endroits-des grands maîtres, avec l'enthousiasme qu'ils vous inspirent et que vous transmettez aux autres, vous n'ayez rien fait qui vaille...

Au lieu de me répondre, il se mit à hocher de la tête, et, levant le doigt au ciel, il s'écria : « Et l'astre ! l'astre ! Quand la nature fit Leo, Vinci, Pergolèse, Duni, elle sourit; elle prit un air imposant et grave en formant le cher maître... qu'on aura appelé pendant une dizaine d'années le grand maître..., et dont bientôt on ne parlera plus. Quand elle fagota son élève, elle fit la grimace, et puis la grimace encore...» Et en disant ces mots il faisait toutes sortes de grimaces du visage : c'était le mépris, le dédain, l'ironie ; et il semblait pétrir entre ses doigts un morceau de pâte, et sourire aux formes ridicules qu'il lui donnait; cela fait, il jeta la pagode hétéroclite loin de lui et il dit : « C'est ainsi qu'elle me fit, et qu'elle me jeta à côté d'autres pagodes, les unes à gros ventres ratatinés, à cous courts, à gros yeux hors de la tête, apoplectiques ; d'autres à cous obliques ; il y en avait de sèches, à l'œil vif, au nez crochu. Toutes se mirent à crever de rire en me voyant; et moi de mettre mes deux poings sur mes côtés et à crever de rire en les voyant, car les sots et les fous s'amusent les uns des autres ; ils se cherchent, ils s'attirent. Si en arrivant là je n'avais pas trouvé tout fait le proverbe qui dit que *l'argent des sots est le patrimoine des gens d'esprit*, on me le devrait. Je sentis que nature avait mis ma légitime dans la bourse des pagodes, et j'inventai mille moyens de m'en ressaisir. »

MOI. — Je sais ces moyens, vous m'en avez parlé, et je les ai fort admirés ; mais, entre tant de ressources, pourquoi n'avoir pas tenté celle d'un bel ouvrage ?

LUI. — Ce propos est celui d'un homme du monde à l'abbé Le Blanc. L'abbé disait : « La marquise de Pompadour me prend par la main, me porte jusque sur le seuil de l'Académie ; là elle retire sa main, je tombe, et je me casse les deux jambes. » L'homme du monde lui répondait « Eh bien ! l'abbé, il faut se relever, et enfoncer la porte d'un coup de tête. » L'abbé lui répliquait : « C'est ce que j'ai tenté ; et savez-vous ce qui m'en est revenu ? une bosse au front... »

Après cette historiette, mon homme se mit à marcher la tête baissée, l'air pensif et abattu ; il soupirait, il pleurait, se désolait, levait au ciel les mains et les yeux, se frappait la tête du poing à se briser le front ou les doigts, et il ajoutait : « Il me semble qu'il y a pourtant là quelque chose ; mais j'ai beau frapper, secouer, il n'en sort rien... » Puis il recommençait à secouer sa tête et à se frapper le front de plus belle, et il disait : « Ou il n'y a personne là, ou l'on ne veut pas répondre. »

Un instant après, il prenait un air fier, il relevait sa tête, il s'appliquait la main droite sur le cœur, il marchait, et disait : « Je sens, oui, je sens... » Il contrefaisait l'homme qui s'irrite, qui s'indigne, qui s'attendrit, qui commande, qui supplie, et prononçait sans préparation des discours de colère, de commisération, de haine, d'amour ; il esquissait les caractères des passions avec une finesse et une vérité surprenantes ; puis il ajoutait : « C'est cela, je crois ? voilà que cela vient ; voilà ce que c'est que de trouver un accoucheur qui sait irriter, précipiter les douleurs, et faire sortir l'enfant. Seul, je prends la plume, je veux écrire ; je me ronge les ongles, je m'use le front : serviteur, bonsoir, le dieu est absent ! Je m'étais persuadé que j'avais du génie ;

au bout de ma ligne, je lis que je suis un sot,
un sot, un sot. Mais le moyen de sentir, de s'é-
lever, de penser, de peindre fortement, en fré-
quentant avec des gens tels que ceux qu'il faut
voir pour vivre ; au milieu des propos qu'on
tient et de ceux qu'on entend, et de ce commé-
rage : *Aujourd'hui le boulevard était charmant.
Avez-vous entendu la petite Marmotte? elle joue
à ravir. M. un tel avait le plus bel attelage gris
pommelé qu'il soit possible d'imaginer. La belle
madame celle-ci commence à passer. Est-ce qu'à
l'âge de quarante-cinq ans on porte une coiffure
comme celle-là? La jeune une telle est couverte
de diamants qui ne lui coûtent guère. Vous
voulez dire qui lui coûtent...* cher? *Mais non.
— Où l'avez-vous vu? — A l'enfant d'Arlequin
perdu et retrouvé. La scène du désespoir a été
jouée comme elle ne l'avait pas encore été.
Le Polichinelle de la foire a du gosier, mais
point de finesse, point d'âme. Madame une telle
est accouchée de deux enfants à la fois; chaque
père aura le sien...* Et vous croyez que cela dit,
redit et entendu tous les jours, échauffe et conduit aux grandes choses ?

MOI. — Non; il vaudrait mieux se renfermer

dans son grenier, boire de l'eau, manger du pain sec, et se chercher soi-même.

LUI. — Peut-être ; mais je n'en ai pas le courage. Et puis sacrifier son bonheur à un succès incertain ! Et le nom que je porte donc ?... s'appeler Rameau ! cela est gênant. Il n'en est pas des talents comme de la noblesse, qui se transmet, et dont l'illustration s'accroît en passant du grand-père au père et du père au fils, et du fils à son petit-fils, sans que l'aïeul impose quelque mérite à son descendant ; la vieille souche se ramifie en une énorme tige de sots, mais qu'importe ? Il n'en est pas ainsi du talent. Pour n'obtenir que la renommée de son père, il faut être plus habile que lui ; il faut avoir hérité de sa fibre... La fibre m'a manqué, mais le poignet s'est dégourdi ; l'archet marche, et le pot bout : si ce n'est pas de la gloire, c'est du bouillon.

MOI. — A votre place, je ne me le tiendrais pas pour dit, j'essayerais.

LUI. — Et vous croyez que je n'ai pas essayé ? Je n'avais pas quinze ans, lorsque je me dis pour la première fois : Qu'as-tu ?... tu rêves ; et à quoi rêves-tu ? Que tu voudrais bien avoir fait ou faire quelque chose qui excitât l'admiration de l'univers... Eh bien, il n'y a qu'à souffler et remuer les doigts, il n'y a qu'à prendre un roseau et s'en faire une flûte. Dans un âge plus avancé, j'ai répété le propos de mon enfance; aujourd'hui je le répète encore, et je reste autour de la statue de Memnon.

MOI. — Que voulez-vous dire avec votre statue de Memnon?

LUI. — Cela s'entend, ce me semble. Autour de la statue de Memnon, il y en avait une infinité d'autres, également frappées des rayons du soleil; mais la sienne était la seule qui résonnât. Un poëte, c'est Voltaire, et puis qui encore? Voltaire; et le troisième? Voltaire; et le quatrième? Voltaire. Un musicien, c'est Rinaldo de Capoua; c'est Hasse; c'est Pergolèse; c'est Alberti; c'est Tartini; c'est Locatelli; c'est Terradeglias; c'est mon maître, c'est ce petit Duni, qui n'a ni mine, ni figure, mais qui sonne, mordieu! qui a du chant et de l'expression. Le reste, auprès de ce petit nombre de Memnons, autant de paires d'oreilles fichées au bout d'un bâton : aussi sommes-nous gueux, si gueux, que c'est une bénédiction. Ah! monsieur le philosophe, la misère est une terrible chose. Je la vois accroupie, la bouche béante, pour recevoir quelques gouttes d'eau glacée qui s'échappent du tonneau des Danaïdes. Je ne sais si elle aiguise l'esprit du philosophe, mais elle refroidit diablement la tête du poëte; on ne chante pas bien sous ce tonneau. Trop heureux encore celui qui peut s'y placer! J'y étais, et je n'ai pas su m'y tenir. J'avais déjà fait cette sottise une fois. J'ai voyagé en Bohême, en Allemagne, en Suisse, en Hollande, en Flandre, au diable au vert!

MOI. — Sous le tonneau percé?

LUI. — Sous le tonneau percé. C'était un juif opulent et dissipateur, qui aimait la musique et mes folies. Je musiquais comme il plaît à Dieu, je faisais le fou : je ne manquais de rien. Mon juif était un homme qui savait sa loi, et qui l'observait roide comme une barre, quelquefois avec l'ami, toujours avec l'étranger. Il se fit une mauvaise affaire qu'il faut que je vous raconte, car elle est plaisante.

Il y avait à Utrecht une courtisane charmante. Il fut tenté de la chrétienne; il lui dépêcha un grison, avec une lettre de change assez forte. La bizarre créature rejeta son offre. Le juif en fut désespéré. Le grison lui dit: « Pourquoi vous affliger ainsi? si vous voulez coucher avec une jolie femme, rien n'est plus aisé, et même de coucher avec une plus jolie que celle que vous poursuivez ; c'est la mienne, que je vous céderai au même prix. » Fait et dit ; le grison garde la lettre de change, et mon juif couche avec la femme du grison. L'échéance de la lettre de change arrive ; le juif la laisse protester, et s'inscrit en faux. Procès. Le juif disait : Jamais cet homme n'osera dire à quel prix il possède ma lettre, et je ne la payerai pas. A l'audience il interpelle le grison. « Cette lettre de change, de qui la tenez-vous? — De vous. — Est-ce pour de l'argent prêté ? — Non. — Est-ce pour fourniture de marchandises? — Non. — Est-ce pour services rendus ? — Non ; mais il ne s'agit point de cela : j'en suis possesseur, vous l'avez signée, et vous l'acquitterez. — Je ne l'ai pas signée. — Je suis donc un faussaire ? — Vous ou un autre dont vous êtes l'agent. — Je suis un lâche ; mais vous êtes un coquin. Croyez-moi, ne me poussez pas à bout, je dirai tout ; je me déshonorerai, mais je vous perdrai... » Le juif ne tint compte de la menace, et le grison révéla toute l'affaire à la séance qui suivit. Ils furent blâmés

tous les deux, et le juif condamné à payer la
lettre de change, dont la valeur fut appliquée au
soulagement des pauvres. Alors je me séparai de
lui ; je revins ici [1].

Quoi faire? car il fallait périr de misère, ou
faire quelque chose. Il me passa toutes sortes
de projets par la tête. Un jour, je partais le
lendemain pour me jeter dans une troupe de
province, également bon ou mauvais pour le
théâtre et pour l'orchestre. Le lendemain, je
songeais à me faire peindre un de ces tableaux
attachés à une perche qu'on plante dans un car-
refour, et où j'aurais crié à tue-tête : « Voilà la

---

[1] Diderot a raconté cette aventure avec quelques changements
dans son *Voyage de Hollande*. (Chapitre de *La Police*) :

« Il y avait à la Haye une fort belle courtisane, la fille d'un
médecin de Cologne, appelée la Sleenhausen. Un particulier,
nommé Vanderveld, en devint amoureux, et lui fit proposer
pour une nuit une lettre de change de 1,000 florins. La courtisane, alors entretenue par un chambellan du prince, le baron
de Zul, refuse l'argent. L'émissaire de Vanderveld avait une
très-jolie femme ; il propose à celui-ci de passer la lettre de
change à son profit, et d'accepter sa femme. Vanderveld y con-
sent, le traité s'accomplit ; l'échéance de la lettre de change
arrive ; on la présente à Vanderveld, qui méconnaît sa signa-
ture. Grand procès, où plusieurs grands coquins se trouvent
impliqués, entre autres un notaire chez qui toute cette in-

ville où il est né, et le voilà qui prend congé de son père l'apothicaire ; le voilà qui arrive dans la capitale, cherchant la demeure de son maître... Le voilà aux genoux de son maître..., qui le chasse.. Le voilà avec un juif, etc., etc. » Le jour suivant, je me levais bien résolu de m'associer aux chanteurs des rues. Ce n'est pas ce que j'aurais fait de plus mal ; nous serions allés concerter sous les fenêtres de mon cher maître, qui en serait crevé de rage. Je pris un autre parti...

(Là, il s'arrêta, passant successivement de

famie s'était arrangée ; ce notaire est emprisonné, et se pend. Vanderveld et son agent sont confrontés ; Vanderveld lui demande comment il se trouve nanti de cet effet, quelle sorte de marchandise il a donné en échange, comment il a acquis cette créance sur lui. L'autre ne lui répond autre chose que : « Monsieur Vanderveld, ne me pressez pas, je dirais tout... » Seconde confrontation, même interpellation de l'accusateur, même réponse de l'accusé. A la troisième, lorsque l'agent vit qu'il n'y avait plus de ressource que dans la révélation du mystère d'iniquité, il dit à Vanderveld : « Eh bien ! monsieur, puisqu'il faut que je parle, la lettre de change dont j'exige le payement, vous l'avez signée pour la Sleenhausen, qu'on peut interroger ; elle m'est restée à son refus, et au même prix ; car vous avez accepté ma femme au lieu de la courtisane. » Vanderveld a été condamné à payer, et ils ont été tous deux amendés et infamés. »

l'attitude d'un homme qui tient un violon, serrant des cordes à tour de bras, à celle d'un pauvre diable exténué de fatigue, à qui les forces manquent, à qui les jambes fléchissent, prêt à expirer, si on ne lui jette un morceau de pain ; il désignait son extrême besoin par le geste d'un doigt dirigé vers sa bouche entr'ouverte ; et puis il ajouta :)

Cela s'entend. On me jetait le lopin ; nous nous le disputions à trois ou quatre affamés que nous étions... Et puis pensez grandement, faites de belles choses au milieu d'une pareille détresse !

MOI. — Cela est difficile.

LUI. — De cascade en cascade, j'étais tombé là ; j'y étais comme un coq en pâte. J'en suis sorti. Il faudra derechef scier le boyau, et revenir au geste du doigt vers la bouche béante. Rien de stable dans ce monde ; aujourd'hui au sommet, demain au bas de la roue. De maudites circonstances nous mènent, et nous mènent fort mal :...

(Puis, buvant un coup qui restait au fond de la bouteille, et s'adressant à son voisin :)

Monsieur, par charité, une petite prise. Vous avez là une belle boîte. Vous n'êtes pas musicien ?

— Non. — Tant mieux pour vous, car ce sont de pauvres diables... bien à plaindre. Le sort a voulu que je le fusse, moi, tandis qu'il y a à Montmartre peut-être, dans un moulin, un meunier, un valet de meunier, qui n'entendra jamais que le bruit du cliquet, et qui aurait trouvé les plus beaux chants... Au moulin, au moulin ! c'est là ta place.

MOI. — A quoi que ce soit que l'homme s'applique, la nature l'y destinait.

LUI. — Elle fait d'étranges bévues. Pour moi, je ne vois pas de cette hauteur, où tout se confond, l'homme qui émonde un arbre avec des ciseaux, la chenille qui en ronge la feuille, et d'où l'on ne voit que deux insectes différents, chacun à son devoir. Perchez-vous sur l'épicycle de Mercure, et de là distribuez, si cela vous convient, et à l'imitation de Réaumur, lui, la classe des mouches en couturières, arpenteuses, faucheuses; vous, l'espèce des hommes en menuisiers, charpentiers, couvreurs, danseurs, chanteurs, c'est votre affaire; je ne m'en mêle pas. Je suis dans ce monde, et j'y reste. Mais s'il est dans la nature d'avoir appétit, car c'est toujours à l'appétit que j'en reviens, à la sensation qui m'est toujours présente, je trouve qu'il n'est pas du bon ordre de n'avoir pas toujours de quoi manger. Quelle diable d'économie ! des hommes qui regorgent de tout, tandis que d'autres, qui ont un estomac importun comme eux, une faim renaissante comme eux, n'ont pas de quoi mettre sous la dent. Le pis, c'est la posture contrainte où nous tient le besoin. L'homme nécessiteux ne marche pas comme un autre, il saute, il rampe, il se tortille, il se traîne, il passe sa vie à prendre et à exécuter des positions.

MOI. — Qu'est-ce que des positions ?

LUI. — Allez le demander à Noverre. Le monde en offre bien plus que son art n'en peut imiter.

MOI. — Et vous voilà aussi, pour me servir de votre expression, ou de celle de Montaigne, perché sur l'épicycle de Mercure, et considérant les différentes pantomimes de l'espèce humaine.

LUI. — Non, non, vous dis-je ; je suis trop lourd pour m'élever si haut. J'abandonne aux grues le séjour des brouillards, je vais terre à terre. Je regarde autour de moi, et je prends mes positions, ou je m'amuse des positions que je vois prendre aux autres! je suis excellent pantomime, comme vous en allez jugez.

(Puis il se mit à sourire, à contrefaire l'homme admirateur, l'homme suppliant, l'homme complaisant; il a le pied droit en avant, le gauche en arrière, le dos courbé, la tête relevée, le regard comme attaché sur d'autres yeux, la bouche béante, les bras portés vers quelque objet; il attend un ordre, il le reçoit; il part comme un trait, il revient; il est exécuté, il en rend compte, il est attentif à tout; il ramasse ce qui tombe, il place un oreiller ou un tabouret sous les pieds ; il tient une soucoupe, il approche une chaise; il ouvre une porte, il ferme une fenêtre, il tire des rideaux ; il observe le maître et la maîtresse; il est immobile, les bras pendants, les jambes parallèles; il écoute, il cherche à lire sur les visages, et il ajoute :) Voilà ma pantomime, à peu près la même que celle des flatteurs, des courtisans, des valets et des gueux.

Les folies de cet homme, les contes de l'abbé Galiani, les extravagances de Rabelais, m'ont quelquefois fait rêver profondément. Ce sont trois magasins où je me suis pourvu de masques ridicules que je place sur les visages des plus graves personnages, et je vois Pantalon dans un prélat, un satyre dans un président, un pourceau dans un cénobite, une autruche dans un ministre, une oie dans son premier commis. — Mais à votre compte, dis-je à mon homme, il y a bien des gueux dans ce monde-ci, et je ne connais personne qui ne sache quelques pas de votre danse.

LUI. — Vous avez raison. Il n'y a dans tout un royaume qu'un homme qui marche, c'est le souverain; tout le reste prend des positions.

MOI. — Le souverain? Encore y a-t-il quelque chose à dire. Et croyez-vous qu'il ne se trouve pas de temps en temps à côté de lui un petit pied, un petit chignon, un petit nez qui lui fasse faire un peu de pantomime? Quiconque a besoin d'un autre est indigent, et prend une position. Le roi prend une position devant sa maîtresse, et devant Dieu il fait son pas de pantomime. Le ministre fait le pas de courtisan, de flatteur, de valet et de gueux devant son roi. La foule des ambitieux danse nos positions, en cent manières plus viles les unes que les autres, devant le ministre; l'abbé de condition, en rabat et en manteau long, au moins une fois la semaine, devant

9.

le dépositaire de la feuille des bénéfices. Ma foi, ce que vous appelez la pantomime des gueux est le grand branle de la terre : chacun a sa petite Hus et son Bertin.

LUI. — Cela me console.

(Mais tandis que je parlais, il contrefaisait à mourir de rire les positions des personnages que je nommais. Par exemple, pour le petit abbé, il tenait son chapeau sous le bras et son bréviaire de la main gauche; de la droite il relevait la queue de son manteau, il s'avançait la tête un peu penchée sur l'épaule, les yeux baissés, imitant si parfaitement l'hypocrite, que je crus voir l'auteur des *Réfutations* devant l'évêque d'Orléans. Aux flatteurs, aux ambitieux, il était ventre à terre ; c'était Bouret au Contrôle général.)

MOI. — Cela est supérieurement exécuté : mais il y a pourtant un être dispensé de la pantomime: c'est le philosophe qui n'a rien, et qui ne demande rien.

LUI. — Et où est cet animal-là? S'il n'a rien, il souffre; s'il ne sollicite rien, il n'obtiendra rien et souffrira toujours.

MOI. — Non : Diogène se moquait des besoins.

LUI. — Mais il faut être vêtu.

MOI. — Non ; il allait tout nu.

LUI. — Quelquefois il faisait froid dans Athènes.

MOI. — Moins qu'ici.

LUI. — On y mangeait.

MOI. — Sans doute.

LUI. — Aux dépens de qui ?

MOI. — De la nature. A qui s'adresse le sauvage ? à la terre, aux animaux, aux poissons, aux arbres, aux herbes, aux racines, aux ruisseaux.

LUI. — Mauvaise table.

MOI. — Elle est grande.

LUI. — Mais mal servie.

MOI. — C'est pourtant celle qu'on dessert pour couvrir les autres.

LUI. — Mais vous conviendrez que l'industrie de nos cuisiniers, pâtissiers, rôtisseurs, traiteurs, confiseurs, y met un peu du sien. Avec la diète austère de votre Diogène, il ne devait pas avoir des organes fort indociles.

MOI. — Vous vous trompez. L'habit du cynique était autrefois notre habit monastique, avec la même vertu : les cyniques étaient les Carmes et les Cordeliers d'Athènes.

LUI. — Je vous y prends! Diogène a donc aussi dansé la pantomime, si ce n'est devant Périclès, du moins devant Laïs et Phryné?

MOI. — Vous vous trompez encore : les autres achetaient bien cher la courtisane qui se livrait à lui.

LUI. — Mais il faut un bon lit, une bonne table, un vêtement chaud en hiver, un vêtement frais en été, du repos, de l'argent, et beaucoup d'autres choses, que je préfère devoir à la bienveillance, plutôt que de les acquérir par le travail.

MOI. — C'est que vous êtes un fainéant, un gourmand, un lâche, une âme de boue.

LUI. — Je crois vous l'avoir dit.

MOI. — Les choses de la vie ont un prix sans doute ; mais vous ignorez celui du sacrifice que vous faites pour les obtenir. Vous dansez, vous avez dansé et vous continuerez de danser la vile pantomime.

LUI. — Il est vrai ; mais il m'en a peu coûté,

et il ne m'en coûtera plus rien pour cela ; et
c'est par cette raison que je ferais mal de prendre une autre allure qui me peinerait et que je
ne garderais pas. Mais je vois, à ce que vous me
dites là, que ma pauvre petite femme était une
espèce de philosophe ; elle avait du courage
comme un lion. Quelquefois nous manquions
de pain, et nous étions sans le sou ; nous avions
vendu presque toutes nos nippes. Je m'étais jeté
sur le pied de notre lit ; là je me creusais à chercher quelqu'un qui me prêtât un écu que je ne
lui rendrais pas. Elle, gaie comme un pinson, se
mettait à son clavecin, chantait et s'accompa-
gnait ; c'était un gosier de rossignol, je regrette
que vous ne l'ayez pas entendue. Quand j'étais
de quelque concert, je l'emmenais avec moi ;
chemin faisant, je lui disais : « Allons, madame,
faites-vous admirer, déployez votre talent et vos
charmes, enlevez, renversez... » Nous arrivions ;
elle chantait, elle enlevait, elle renversait. Hélas ! je l'ai perdue, la pauvre petite ! Outre son
talent, c'est qu'elle avait une bouche à recevoir
à peine le petit doigt ; des dents, une rangée de
perles ; des yeux, des pieds, une peau, des joues,
des jambes de cerf, des mains et des bras à mo-

deler. Elle aurait eu tôt ou tard le fermier général au moins. C'était une démarche, une
croupe ! ah ! Dieu, quelle croupe !

(Puis le voilà qui se met à contrefaire la démarche de sa femme. Il allait à petits pas, il por-
tait sa tête au vent, il jouait de l'éventail, il se
démenait de la croupe ; c'était la charge de nos
petites coquettes, la plus plaisante et la plus ridicule.

Puis reprenant la suite de son discours, il
ajoutait :) Je la promenais partout, aux Tuile-
ries, au Palais-Royal, aux boulevards. Il était
impossible qu'elle me demeurât. Quand elle tra-
versait la rue, le matin, en cheveux et en pet-
en-l'air, vous vous seriez arrêté pour la voir, et
vous l'auriez embrassée entre quatre doigts sans
la serrer. Ceux qui la suivaient, qui la regardaient
trotter avec ses petits pieds, et qui mesuraient
cette large croupe dont les jupons légers dessi-
naient la forme, doublaient le pas ; elle les laissait arriver, puis elle détournait prestement sur
eux ses deux grands yeux noirs et brillants, qui
les arrêtaient tout court : c'est que... Mais, hélas ! je l'ai perdue, et toutes mes espérances de
fortune se sont évanouies avec elle. Je ne l'avais

prisé que pour cela, je lui avais confié mes projets, et elle avait trop de sagacité pour n'en pas
concevoir la certitude et trop de jugement pour
ne les pas approuver...

(Et puis le voilà qui sanglote et qui pleure, en
disant :) Non, non, je ne m'en consolerai jamais.
Depuis, j'ai pris le rabat et la calotte.

MOI. — De douleur?

LUI. — Si vous voulez. Mais le vrai, pour avoir
mon écuelle sur ma tête... Mais voyez un peu
l'heure qu'il est, car il faut que j'aille à l'Opéra.

MOI. — Qu'est-ce qu'on donne?

LUI. — Le Dauvergne [1]. Il y a d'assez belles
choses dans sa musique; c'est dommage qu'il ne
les ait pas dites le premier. Parmi ces morts, il
y en a toujours qui désolent les vivants. Que voulez-vous? *Quisque suos patimur manes.* Mais il
est cinq heures et demie, j'entends la cloche qui
sonne les vêpres de l'abbé de Cannaye [2] et les

---

[1] Auteur des *Troqueurs*, le premier opéra-comique français
écrit dans les conditions du genre.
[2] Oratorien, membre de l'Académie des inscriptions, ami de
d'Alembert, mort en 1782.

miennes. Adieu, monsieur le philosophe : n'est-il pas vrai que je suis toujours le même ?

MOI. — Hélas ! oui, malheureusement.

LUI. — Que j'aie ce malheur-là encore seulement une quarantaine d'années : rira bien qui rira le dernier !

APPENDICE

A LA PAGE 132

—

« Il me semble que les talents d'agrément, fussent-ils même médiocres, chez un peuple dépravé et précipité dans le libertinage, et dans le luxe, peuvent rapidement avancer un homme dans le chemin de la fortune. J'ai entendu de mes propres oreilles un entretien entre un protecteur et son protégé. Celui-ci avait été recommandé à celui-là, comme à un homme obligeant et capable de le servir. — Monsieur, à quoi vous entendez-vous ? — Je m'entends passablement aux mathématiques. — Eh bien ! donnez des leçons de mathématiques, et quand vous aurez, pendant dix ou douze ans essuyé la crotte du pavé de Paris, vous aurez peut-être amassé trois ou quatre cents livres de rente. — J'ai étudié le Droit et j'y suis assez versé. — Si Puffendorf et Grotius revenaient au monde, ils mourraient de faim au coin d'une borne. — Je sais à fond l'Histoire et la Géographie. — S'il y avait encore des parents qui prissent à cœur l'éducation de leurs enfants, votre fortune serait assurée; mais il n'y en a plus. — Je suis bon musicien ! — Et que ne le disiez-vous d'abord? pour vous montrer quel parti un homme peut tirer de ce talent, j'ai une fille ; venez tous les soirs lui donner la leçon de six heures et demie à neuf heures, et je vous donne vingt-cinq louis par an ; vous déjeunerez, dînerez, goûterez et souperez avec nous. Le reste du temps vous appartiendra et vous l'emploierez à votre profit. »

LUI. — Et cet homme, qu'est-il devenu ?

MOI. — S'il eût été sage, sa fortune était faite, et c'est la seule chose importante à vos yeux.

LUI. — Oui, de l'or ! de l'or ! T...

FIN

Paris. — Imprimerie VALLÉE et C, rue Breda, 15.

www.ingramcontent.com/pod-product-compliance
Lightning Source LLC
Chambersburg PA
CBHW070619100426
42744CB00006B/537